the other campaign

★★★

la otra campaña

the other campaign
★★★
la otra campaña

BY SUBCOMANDANTE INSURGENTE MARCOS
& THE ZAPATISTAS

OPEN MEDIA SERIES
CITY LIGHTS
San Francisco

All royalties from this book support independent media
projects in Chiapas.

The Sixth Declaration was originally published electronically by the Zapatistas in
Mexico and in print by the Mexican daily, *La Jornada*. In the United States, the
Independent Media Center's *El Independiente* published the full text in English
and Spanish.

The Open Media Series is edited by Greg Ruggiero and archived by
Tamiment Library, New York University.

All photos by Tim Russo taken during the Other Campaign, or during the events
leading up to its launch.

All photos, including cover image, by Tim Russo. For captions see page 170.

Library of Congress Cataloging-in-Publication Data

Marcos, subcomandante.
  [Selections. English. 2006]
  The other campaign : the Zapatista call for change from below / by subcoman-
dante Marcos and the Zapatistas.
     p. cm. -- (An open media book)
  Includes bibliographical references.
  ISBN-13: 978-0-87286-477-1
  ISBN-10: 0-87286-477-4
  1. Mexico--Politics and government--1988- 2. Indians of Mexico--Govern-
ment relations. 3. Indians of Mexico--Social conditions. 4. Social
movements--Mexico--History--20th century. 5. Ejército Zapatista de Lib-
eración Nacional (Mexico) I. Ejército Zapatista de Liberación Nacional
(Mexico) II. Title. III. Series.
  F1236.M356613 2006
  972.08'35--dc22   2006008377

*Special thanks to Lydia Neri, David Brooks, Patricia Estevez Jimenez, Ramor Ryan,
and irlandesa.*

City Lights Books are published at the City Lights Bookstore,
261 Columbus Avenue, San Francisco, CA 94133.

Visit our website: www.citylights.com

CONTENTS

EL ROMPER DE LA OLA
La sexta declaración y la otra campaña

Luis Hernández Navarro

EL PARTIDO SE REANUDA

El anuncio de *La Sexta* Declaración de la Selva Lacandona por parte del Ejército Zapatista de Liberación Nacional (EZLN) el seis de junio de 2005, y la organización de *La Otra Campaña* meses después, marcan la reaparición de la intervención política pública del zapatismo después de casi cuatro años de silencio. Es una especie de reanudación de un "partido de futbol" interrumpido después de que los rebeldes mexicanos recibieron un gol ilegal en su portería y quisieron ser condenados al olvido.

La metáfora deportiva proviene de los mismos zapatistas. En una carta dirigida a Massimo Moratti, presidente del FC Internazionale de Milán, poco antes de la proclamación de *La Sexta*, advirtieron: *"con tono y*

THE BREAKING WAVE

The Sixth Declaration and the Other Campaign

Luis Hernández Navarro

THE MATCH RESUMES

The Zapatista National Liberation Army's (EZLN)[1] announcement of *La Sexta*—the Sixth Declaration of the Lacandon Jungle—on June 6, 2005, and the organization of the *Other Campaign* a few months later, marks the public reappearance of Zapatista political intervention after almost four years of silence. It is a kind of resumption of a "soccer match" that was interrupted after an illegal goal was scored against the Mexican rebels in attempt to condemn them to oblivion.

The sports metaphor comes from the Zapatistas themselves. A short time before the release of *La Sexta*, Marcos pointed out in a postscript to a letter sent to Massimo Moratti, President of the Milan International Soccer Club: "In the tone and volume of a sports

volumen de cronista deportivo. -El sup, usando la técnica del uruguayo Obdulio Varela en la final contra Brasil (Mundial de futbol, estadio Maracaná, Río de Janeiro, 16 de julio 1950), con el balón en la mano ha caminado como en cámara lenta (a partir de mayo de 2001) desde la portería zapatista. Luego de reclamar al árbitro la ilegitimidad del gol recibido, pone el esférico en el centro de la cancha. Voltea a ver a sus compañeros e intercambian miradas y silencios. Con el marcador, las apuestas y el sistema entero en contra, nadie tiene esperanzas en los zapatistas. Empieza a llover. En un reloj son casi las seis. Todo parece estar listo para que se reanude el encuentro . . . ”

La proclamación de *La Sexta* Declaración fue el anuncio de que el partido de futbol se había reiniciado. Pero ¿a qué se refieren los zapatistas cuando dicen haber recibido un gol ilegítimo en su cancha? Fundamentalmente a la negativa, en agosto de 2001, de la clase política en su conjunto a reconocer los derechos y la cultura indígena, en los términos pactados entre el EZLN y el gobierno federal en los Acuerdos de San Andrés firmados el 16 de febrero de 1996. En los meses de febrero y marzo de ese año, los primeros de la administración del presidente Vicente Fox, los rebeldes organizaron una masiva movilización por varios estados del país llamada "la marcha del color de la tierra," para exigir al Congreso de la Unión que aprobara una reforma constitucional para aceptar los derechos de los pueblos originarios. A pesar del masivo respaldo

announcer: The Sup—using the tactics of Uruguayan Obdulio Varela in the final against Brazil (World Cup, Maracaná Stadium, Rio de Janeiro, July 16, 1950), ball in hand, having traveled as if in slow motion (since May 2001) from the Zapatista goalpost—complains to the referee about the illegitimacy of the goal, and puts the ball in the center of the field. He turns around to look at his compañeros and they exchange glances and silences. With the scorecard, the bets and the entire system against them, no one has any hope for the Zapatistas. It starts to rain. A watch reads almost six. Everything appears ready for the game to resume...."[2]

The proclamation of *La Sexta* is an announcement that the soccer match has resumed. But to what are the Zapatistas referring when they say that an illegitimate goal was scored against them? They mainly refer to the refusal, in August 2001, by Mexico's entire political establishment to recognize indigenous rights and culture in the terms negotiated between the EZLN and the Federal government in the San Andrés Agreements, signed on February 16, 1996. During February and March 2001—the first months of President Vincente Fox's administration—the rebels organized a massive mobilization throughout various states called "The March of the Color of the Earth" to demand that Congress approve a constitutional reform that would accept the rights of indigenous people. Despite massive public endorsement of the initiative, on August 14,

popular a su iniciativa, el 14 de agosto de ese año los legisladores de todos los partidos políticos aprobaron en 2001 una caricatura de reforma legal que cerró la puerta de la inclusión política al zapatismo y a los pueblos indios. Nada hizo tampoco la Suprema Corte de Justicia de la Nación por evitarlo, a pesar de las más de 300 controversias constitucionales planteadas por municipios indígenas. Con ello, el Estado mexicano en pleno condenó a los indígenas a la ruta de la exclusión y pretendió forzar la rendición del EZLN. No funcionó.

Después de denunciar la nueva ley, los zapatistas se concentraron en la construcción de cinco gobiernos regionales al margen de la ley a los que bautizaron como Juntas de Buen Gobierno o Caracoles. Nombraron autoridades propias y se hicieron cargo de organizar la educación, la salud y la administración de la justicia por su propia cuenta y sin pedir permiso. En distintas regiones del país, los pueblos indígenas decidieron dejar de lado la lucha a favor de reformas legales por la autonomía y pasaron a construirla también con hechos.

Durante todos esos años, el EZLN guardó un relativo silencio, que, frecuentemente, puso nerviosas a las autoridades federales. Pero la clase política aprovechó el supuesto *impasse* para sacar de su agenda el asunto de la paz en Chiapas y olvidarse del reconocimiento de los derechos plenos para los pueblos indígenas. Los grandes medios electrónicos de comunicación decidieron ignorar

2001, the legislators of all the political parties approved a caricature of legal reform that closed the door on the political inclusion of Zapatismo and the indigenous people. The nation's Supreme Court of Justice did nothing to stop it, in spite of the more than three hundred constitutional challenges advanced by indigenous councils. Thus, the Mexican State fully condemned the indigenous to exclusion and tried to force the surrender of the EZLN. It didn't work.

After denouncing the new law, the Zapatistas concentrated on building five autonomous regional governments which were baptized "Councils of Good Government," or "Caracoles." They named their own authorities and took charge of organizing education, health, and the administration of justice themselves. In different regions of the country, the indigenous people decided to drop the fruitless struggle for autonomy through legal reforms and moved forward to acheive autonomy on their own, without asking permission.

During all those years, the EZLN kept relatively silent, which often makes the Mexican authorities nervous. But the political class took advantage of the supposed impasse in order to take the matter of peace in Chiapas off the agenda and forget to recognize the full rights of indigenous peoples, and the corporate media has systematically ignored the experience of the indigenous Councils of Good Government and the struggle of the communities in resistance.

sistemáticamente la experiencia de las Juntas de Buen Gobierno o la lucha de las comunidades en resistencia.

Sin embargo, en agosto de 2003 los rebeldes dieron a conocer una serie de tesis sobre la lucha política nacional a las que denominaron el Plan La Realidad-Tijuana. Y un año más tarde, en 2004 el subcomandante Marcos y el escritor Paco Ignacio Taibo II elaboraron a cuatro manos la novela "Muertos incómodos. Falta lo que falta." Ambos textos, junto a una serie de comunicados en los que se analizaba la situación de México y los políticos profesionales, constituyen antecedentes importantes de *La Sexta* Declaración.

Hace ya muchos años, un clásico de la picaresca política nacional, el hoy difunto ex presidente José López Portillo, se preguntaba, no sin razón: "En la Reforma habló el centro. En la Revolución, el norte. ¿Cuándo hablará el sur?" Desde que en enero de 1994 la rebelión del sureste hizo sonar su palabra y en agosto de 2005 subió el tono, el sur, en boca de los zapatistas, está hablando. *La Sexta* Declaración y *La Otra Campaña* son el último tramo de esa conversación.

OTRA POLÍTICA

Desde su aparición pública en enero de 1994, los zapatistas han hecho públicos sus objetivos por medio de declaraciones. En cada momento importante de su

Nevertheless, in August 2003 the rebels unveiled a series of theses about the national political struggle which they called "Plan La Realidad – Tijuana"—a jab a the controversial "Plan Puebla – Panama." And a year later, in 2004, Subcomandante Marcos and writer Paco Ignacio Taibo II collaborated to devise the novel *Uncomfortable Deaths (What's Missing is Missing)*.[3] Both texts, together with a series of communiqués that analyze the situation in Mexico and professional politics, constitute important antecedents to the *La Sexta*.

Many years ago, the now-deceased former President José López Portillo—a master of national political cunning—asked himself, not without reason: "During the Reform,the center spoke; during the Revolution the North spoke. When will the South speak?" Since the rebellion of the southeast unleashed its word in January 1994 and raised its tone in August 2005, the South has spoken through the mouth of the Zapatistas. *La Sexta* and the *Other Campaign* are the latest stage of that conversation.

THE *OTHER* POLITICS

Since their appearance in 1994, the Zapatistas have made their objectives public by means of a series of declarations. In each important moment of the struggle, the Mexican rebels have made their evolving path known

lucha, los rebeldes mexicanos han dado a conocer su nueva ruta a través de proclamas. Se trata de una tradición cuyos orígenes pueden encontrarse en las múltiples rebeliones campesinas e indígenas que se protagonizaron en México a lo largo del siglo XIX.

La Sexta Declaración tiene puntos de continuidad y de ruptura con respecto a sus anteriores manifiestos. Por ejemplo, mantiene viva la declaración de guerra al Ejército hecha en la Primera Declaración y anuncia su decisión de seguir siendo una fuerza político-militar. Sin embargo, anuncia una nueva iniciativa política de más largo alcance, que apunta a crear una fuerza de izquierda y anticapitalista, en la que ellos serían una parte más.

La Sexta elabora un diagnóstico sobre la clase política mexicana en su conjunto, y sobre la izquierda mexicana en lo particular. Reflexiona, además, sobre la naturaleza del movimiento social de resistencia existente en el país.

Sobre la clase política hace un diagnóstico de su colapso, de su descomposición, de su derrumbe. Coincide en ello con las conclusiones de los estudios sobre la percepción pública acerca de los políticos profesionales: ocupan los últimos lugares en la estima de la población, junto a los policías. El alto porcentaje de abstencionismo electoral presente en los comicios federales de 2003 es un termómetro de esta debacle.

Se trata de un proceso que, aunque no esté explícitamente señalado en el texto, posee características similares a los vividos por otros países de América Latina, donde esa

through these proclamations. The declarations are a matter of tradition, the origins of which can be found in the many peasant and indigenous rebellions that convulsed Mexico throughout the nineteenth century.

La Sexta has points of both continuity and rupture in relation to previous Zapatista manifestos. For example, it continues the Zapatista Declaration of War against the Mexican Army that was made in the First Declaration, and announces its decision to continue to be a political-military force. Nevertheless, it announces a more far-reaching political initiative—the creation of a Left, anti-capitalist force of which the Zapatistas intend to be a part. *La Sexta* analyzes the whole Mexican political class and the Mexican Left in particular. Further, it reflects upon the nature of the existing social resistance movement in the country. It predicts the collapse of the political class—its decomposition and collapse coincides with the results of studies of the public's low perception of professional politicians. In fact, politicians and policemen hold the lowest level of regard by the Mexican public. The high percentage of electoral abstentionism during the national elections of 2003 is an indication of the public's sinking sense of confidence in the old system.

It's a question of a process—although not explicitly indicated in the text—which possesses similar characteristics as those experienced in other Latin American countries where a collapse caused other political actors

caída ha provocado la emergencia de otros actores políticos, crisis de gobernabilidad y cambios de gobierno.

Sobre la izquierda mexicana se afirma que el Partido de la Revolución Democrática (PRD), con muchas posibilidades de ganar la Presidencia de la República en los comicios electorales de 2006, no es un partido de izquierda. Sustenta esa opinión en que el criterio para definir lo que es o no de izquierda pasa por ver si se lucha, se resiste, contra el neoliberalismo o no. Y el PRD no lo hace.

La Sexta Declaración reconoce expresiones muy diversas de lucha de resistencia en todo México, y apuesta por la posibilidad de intentar unirlas en la perspectiva de reconstituir la izquierda política y social en torno a *La Otra Campaña*. Se plantea la construcción de una fuerza que mantenga la continuidad en el tiempo, que tenga capacidad de veto e incidencia política, independientemente de quién gane las elecciones presidenciales de mediados de 2006. Su convicción es que la única garantía de que se produzcan cambios a favor del campo popular proviene de la organización independiente y la lucha por modificar la relación de fuerzas.

Quien se asome a la realidad Latinoamericana de los últimos 15 años, verá que el horizonte rebelde está lejos de ser descabellado. Los movimientos populares antineoliberales en el continente han derrumbado presidentes, frenado privatizaciones y servido como telón de fondo para el triunfo de gobiernos progresistas.

to emerge, created a crisis of government, and led to changes in government.

Regarding the Mexican Left, *La Sexta* asserts that the Party of Democratic Revolution (Partido de la Revolución Democrática, PRD)[4]—which stands a good possibility of winning the presidential election of 2006— is *not* a party of the Mexican Left. *La Sexta* determines what is and is not on the Mexican Left according to the criterion of whether it struggles against or resists neoliberal capitalism. And the PRD does not.

La Sexta recognizes very diverse expressions of struggle and resistance throughout Mexico, and sets its stake on uniting them through the *Other Campaign*. It advocates building a force that will remain constant over time, that will have the capacity to veto and to create a political impact, regardless of who wins the presidential election in mid-2006. Its conviction is that its only guarantee to generate change in the popular camp stems from independent organization and a struggle to change power relations.

Anyone who takes a peek at Latin American events over the past fifteen years can see the rebel horizon is far from faring badly. The anti-neoliberal popular movements on the continent have brought down presidents, put a brake on privatization, and served as a backdrop for the triumph of progressive governments. The movements are a factor of real power. Their strength is born of social energy generated in the heat of mobilization.

Son un factor de poder real. Su potencia nace de la energía social generada al calor de la movilización.

En ese sentido, *La Sexta* marca un proceso de diferenciación y clarificación de lo que es la izquierda mexicana. Este proceso abre un periodo de lucha ideológica y política de largo alcance que no parece tener solución a corto plazo, que ha dividido el mundo de la intelectualidad y de la izquierda, y que ha provocado malestar entre aquellos esperaban una convergencia electoral entre el zapatismo y el candidato presidencial del PRD Andrés Manuel López Obrador.

La Sexta Declaración ubica como punto de llegada de su iniciativa la refundación desde debajo de la nación y la elaboración de una nueva Constitución. Ello, señala, sólo será posible con otra política.

EL OTRO JUGADOR

El instrumento organizativo para hacer realidad *La Sexta* Declaración es *La Otra Campaña*. La iniciativa zapatista de salir por todo el país para articular las resistencias al neoliberalismo constituye, de hecho, una campaña que corre de manera paralela a las campañas electorales de los partidos con registro. Una campaña no electoral que busca mostrar la posibilidad de hacer otra política, en tiempo de comicios federales.

La Otra Campaña tiene diferencias sustantivas con

In that sense, *La Sexta* marks a process of differentiation and self-clarification for the Mexican Left. This process inaugurates a long-term period of ideological and political struggle that does not seem to have a short-term solution and has divided the world of the intelligentsia and the Left, causing discomfort among those who expected an electoral convergence between Zapatismo and the PRD presidential candidate Andrés Manuel López Obrador.

La Sexta's goal, in part, is to rearrange the Mexico from below into a new political force—explicitly Leftist, anti-neoliberal, and anti-capitalist—that is clearly distinct from the legally recognized political parties that now exist. It pushes forward a project that looks to refound Mexico and to elaborate a new constitution, that is to say, *a new national political pact* that differs from the one in force today. It articulates a political strategy that weaves together the strongholds of hope that already exist but remain dispersed. As a social and political initiative, it renounces the illusion that one can find shortcuts and miraculous solutions in the struggle for the transformation of a country. It rejects the notion that history is made by messiahs and charismatic leaders, and the history it is calling on the people of Mexico to make will only be possible by means of *another kind of politics*.

respecto a otras iniciativas rebeldes del pasado. Las propuestas organizativas del zapatismo como la Convención Nacional Democrática, el FAC-MLN, el Frente Zapatista de Liberación Nacional, fueron iniciativas que surgieron de una convocatoria suya, pero no fueron organizadas por ellos. Los insurgentes lanzaron la idea, pero fueron otros sectores los que se responsabilizaron de darle forma, a menudo cargando con los viejos vicios de sectarismos e improvisación. En esta ocasión, sin embargo, son ellos quienes se comprometen a llevar a cabo este proyecto de largo alcance, a través de un proceso de visitas, de escucha y acercamiento con sectores en lucha que puede durar varios años.

La Otra Campaña ha cambiado las reglas del juego político institucional. Hasta ahora, al banquete sólo había podido entrar, debidamente registrada, la clase política. La mesa estaba puesta y las reglas establecidas: en México, por ley, la política es monopolio de los partidos. Sin embargo, en esta ocasión, se coló, sin invitación, un nuevo comensal: el zapatismo. No viste de etiqueta ni guarda las formas. Usa un lenguaje altanero, lanza improperios y en lugar de limitarse a dar patadas por debajo de la mesa a sus contrincantes, como ordenan los manuales de urbanidad política, desafía de frente a los huéspedes permanentes. Busca abrir un espacio para millones de personas que no tienen representación política real. Apuesta a cambiar

THE *OTHER* PLAYER

The organizing tool for making *La Sexta* a reality is the *Other Campaign*. The Zapatista initiative to tour the entire country to listen to the communities articulate their resistance parallels the traditional campaigns of the registered parties, but is actually a *non-electoral* campaign that seeks to explore the possibility of doing politics another way during the federal elections-period.

The *Other Campaign* is substantially different from other rebel initiatives of the past. The organizing proposals of Zapatismo, like the National Democratic Convention, the FAC-MLN, and the Zapatista National Liberation Front, were initiatives that the Zapatistas convoked, but did not organize. The insurgents launched the idea, but other sectors were given the responsibility of organizing them, often undertaking the task with the old vices of sectarianism and improvisation. On this occasion, however, the Zapatistas themselves have committed to carrying out this long-term project, through a process of visiting, listening to, and connecting sectors in struggle—a process that could take years.

The *Other Campaign* is changing the rules of institutional political play. Up until now, only the political class, properly registered, could attend the banquet. The table was set and the rules established; in Mexico, by law, politics is a monopoly of the parties. Nevertheless, on this occasion, a new member of the household

drásticamente las reglas del juego. Los rebeldes son otro jugador que en lugar de mover las piezas del ajedrez de la política institucional dan jaque a los adversarios poniendo su bota en el tablero. Otro jugador que quiere que la política deje de ser patrimonio de los profesionales. Y el que rechacen la política tradicional o a la clase política no quiere decir que deserten de la política, sino, como ellos han dicho, "a una forma de hacer política."

El zapatismo no se propone ocupar el gobierno ni *tomar* el poder; se ubica frente al poder, lo resiste. No es un partido de oposición, no habla su lenguaje, no se mueve en el terreno de las instituciones políticas tradicionales. No lo es porque, en palabras del ensayista Tomas Segovia, no se propone sustituir un equipo de gobierno por otro y se niega a comportarse con las reglas del juego del poder como hacen los partidos de oposición. No lo es, además, porque la oposición se opone a un gobierno, pero no al poder, mientras la rebelión se opone al poder y rechaza sus reglas de juego.

¿Por qué este rechazo? Entre otras causas, el "otro jugador" objeta la política institucional porque los sectores cuyos intereses expresa han sido previamente excluidos de ella. Su participación ha sido bloqueada. No tienen cabida en su seno, salvo en condiciones de absoluta subordinación. Y no contenta con esta segregación, la elite política se ha burlado, ha ofendido y engañado a los zapatistas, a los pueblos indios y los

has come along uninvited: Zapatismo. It doesn't respect etiquette or formalities. It taunts and uses a haughty language, but instead of kicking under the table—as is ordered by the manuals of political urbanity—it directly challenges opponents to their faces.

The Zapatistas and the movement they have created are trying to open a space for millions of people who do not have real political representation. They gamble in order to drastically change the rules of play. The rebels are an *Other* player who, instead of moving the chess pieces of institutionalized politics, checks adversaries by putting a boot up on the board. An *Other* player who wants politics to stop being the patrimony of professionals—one who rejects traditional politics, or tells the political class that it is not politics they want to abandon, but "one way of doing politics."

The Zapatistas do not propose to take over the government or seize power; they situate themselves in confrontation with power, resisting it. Zapatismo is not an opposition party, nor does it speak the language of parties; it does not move in the territory of the traditional political institutions. In the words of essayist Tomas Segovia, the Zapatistas do not propose to substitute one government team with another, and they refuse to behave like the opposition parties, functioning according to the rules of the power game—opposing the government, but not power itself. The indigenous rebellion opposes power *and* rejects the rules of power's game.

pobres de los pobres que pueblan el México de abajo. *La Otra Campaña* es una respuesta a esa doble afrenta.

LA OTRA CAMPAÑA

A lo largo de un par de meses durante 2005, centenares de organizaciones, dirigentes políticos y ciudadanos atendieron la convocatoria zapatista para celebrar en la Selva Lacandona diversas reuniones para debatir y organizar lo que sería *La Otra Campaña*.

Muchas de las cuentas que dan forma al collar de la resistencia contra el neoliberalismo en México asistieron a esos encuentros. Los materiales de los que estaban hechas, su color, su tamaño, son todos diferentes. En ese momento no se encontraban aún ensartadas por hilo alguno. Eran piezas independientes unas de otras. Pero decidieron juntarse. Y bautizaron su aspiración de llegar a ser collar con el nombre de *La Otra Campaña*.

La diversidad de sus integrantes fue sorprendente: sindicalistas, organizaciones indígenas, intelectuales, artistas, religiosos, colonos, feministas, homosexuales, lesbianas, defensores de los derechos humanos, ambientalistas y estudiantes.

Las formas de asociación que tenían hasta ese momento resultaban ser sumamente heterogéneas: colectivos, organizaciones gremiales, articulaciones etnopolíticas, grupos de afinidad, plataformas políticas,

Why this refusal? Among other reasons, because the "other players" and the sectors they represent have been excluded from institutional politics. Their participation has been blocked. There is no space for them except under conditions of absolute subordination. In addition to this segregation, Mexico's political elite has mocked, offended, and cheated the Zapatistas, the indigenous communities, and the poorest of the poor who populate the Mexico of below. The *Other Campaign* is a response to this double insult.

THE *OTHER CAMPAIGN*

In 2005, hundreds of organizations, political leaders, and citizens responded to a Zapatista invitation from the Lacandon Jungle to participate in a diverse range of meetings called in order to debate and organize what would turn out to be the *Other Campaign*.

Many of the strands that now form a braid of resistance against neoliberalism participated in those meetings. Their color, their size, their orientation were completely different. Prior to the call, they were not woven together—they were all independent strands. But they decided to interweave themselves together. And they baptized their aspiration to become one braid *La Otra Campaña—the Other Campaign*.

The diversity of their ranks was surprising: unionists,

indigenous organizers, intellectuals, cultural workers, artists, religious people, neighborhood activists, feminists, gays, lesbians, human rights advocates, environmentalists, and students.

Their forms of association are extremely diverse: collectives, union organizations, ethnopolitical groups, affinity groups, political platforms, proto-parties, social fronts, civic groupings, NGOs, and alternative media.

Their political projects are extraordinarily varied: from Neanderthal Marxism to classical Anarchism, passing through autonomism, diffuse anti-capitalist groupings, radical feminism, orthodox communism, environmentalism, different variants of Trotskyism, the alternative globalization movement, libertarian anti-authoritarianism, and, of course, Zapatismo.

There they were: survivors of the shipwreck of socialism together with youth who did not live through it but who also want to change the world and refuse to pay debts they did not create. That's the way some of them were, and how they arrived at the meetings. They constitute a considerable part of the social forces that have accompanied the EZLN for almost eleven years. And there were also, "the children of Zapatismo"—the generation that was born to the politics that has emerged from the armed uprising of January 1994—who have been educated by the writings of Subcomandante Marcos and have been part of Zapatista initiatives like the March of the Color of the Earth.

protopartidos, frentes sociales, agrupamientos cívicos, ONG, medios de comunicación alternativos.

Sus proyectos políticos son extraordinariamente variados: del marxismo neandertal al anarquismo clásico, pasando por el autonomismo, el anticapitalismo difuso, el feminismo radical, el comunismo ortodoxo, el ecologismo, las distintas variantes de trostkismo, el altermundismo, el antiautoritarismo libertario, y, por supuesto, el zapatismo.

Allí estuvieron los sobrevivientes del naufragio del socialismo junto a los jóvenes que no lo vivieron pero quieren cambiar el mundo y se niegan a pagar unas facturas que no son suyas. Así eran de por sí unos y otros; así llegaron hasta allí. Constituían una parte nada despreciable de las fuerzas sociales que han acompañado al EZLN durante casi once años. Y estaban, también, los "hijos del zapatismo": la generación que nació a la política a raíz del levantamiento armado de enero de 1994, que se educó con los escritos del subcomandante Marcos y que ha sido parte de sus iniciativas, como la Marcha del Color de la Tierra.

En lo inmediato, *La Otra Campaña* les proporcionó a todos ellos visibilidad pública, un espacio de convergencia y un horizonte de lucha que ninguno tenía en lo individual. Le otorgó a proyectos con distintas tradiciones, esquemas de organización y lenguajes un lugar de encuentro.

La Sexta Declaración logró así, en su primera fase, un

For projects with different traditions, organizational plans, and languages, the *Other Campaign* immediately created a meeting point. Today, the *Other Campaign* provides all of them with public visibility, a point of convergence, and a horizon of struggle that none possesses individually.

Thus, in its first phase, *La Sexta* has achieved real success in putting itself on the national political agenda, especially considering it comes from a country that itself is practically ignored by the corporate media. The public reappearance of the EZLN has been covered widely by the corporate media, and not just in Mexico, but internationally.

The meetings held in the Lacandon Jungle to organize the *Other Campaign* turned out to be notable for the continuing loyalty of the indigenous movement to Zapatismo, and the persistence of the invisible fabric that unites communities geographically distant but very close in their aspirations. Also outstanding was the response of youth and students to the Zapatista call.

Likewise, the participation of human rights groups is notable at a time when many NGOs' capacity to articulate their interests has diminished and their margin of independence with respect to the government has been lost. Finally, it attracted attention to the not inconsiderable presence of workers and trade unions during the preparatory meetings. It so happens that this sector— with the notable exception of the electricians— had not

éxito real al hacerse parte de la agenda política nacional. Un país que prácticamente no es registrado por los medios de comunicación comerciales se coló en ellos. La reaparición pública del EZLN fue divulgada por los grandes consorcios informativos.

En los encuentros realizados en la Selva Lacandona para organizar *La Otra Campaña* resultó notable la continuidad de la lealtad del movimiento indígena al zapatismo, la persistencia del tejido invisible que une comunidades distantes geográficamente pero muy cercanas en sus aspiraciones. Sobresaliente fue, también, la respuesta de jóvenes y estudiantes a la convocatoria.

Asimismo fue destacada la participación de grupos de defensores de derechos humanos, en un momento en el que la capacidad para articular intereses de muchas ONG ha disminuido y sus márgenes de independencia con respecto a lo gubernamental se han perdido. Finalmente, llamó la atención la nada despreciable presencia obrera y sindical en las reuniones preparatorias. Se trata de un sector que hasta ese momento, salvo por excepciones notables como la de los electricistas, no había viajado hasta Chiapas para reunirse con los rebeldes.

No fue claro en ese primer momento, si las cuentas que forman el collar de la resistencia al neoliberalismo podían ser enhebradas por *La Otra Campaña*, o si, por el contrario, el proceso electoral y el peso del pasado lo impedirían. Pero, por lo pronto, logró agrupar una

until this moment traveled to Chiapas to meet with the rebels.

It was not immediately clear if the many Mexican threads that form the knot of resistance to neoliberalism could be braided together for the *Other Campaign*, or if, on the contrary, the electoral process and the weight of the past would impede them. But soon enough, the Zapatistas' campaign managed to bring together a relevant part of the existing Mexican Left beyond the PRD. And although its message was not exactly understood across the whole country, it did hit home with its initial recipients.

THE BROKEN PHOTO

A photo. Two men are greeting each other. It is July 2, 1996. They are in San Cristóbal de las Casas, Chiapas. They are participating in the Special Forum for the Reform of the State. One of them, the host, is wearing a ski mask and smoking a pipe, and in addition to offering the right hand, takes the elbow of the person he is speaking with, with his left hand; the other, the guest, is protected behind some sunglasses and prefers to maintain a little distance from his counterpart. They are Subcomandante Marcos and Andrés Manuel López Obrador.

Today, the image has been torn apart. The political

parte muy relevante de la izquierda mexicana realmente existente por afuera del PRD. Y aunque su mensaje no fue cabalmente comprendido en el país en su conjunto, caló en sus destinatarios originales.

LA FOTO ROTA

Una foto. Dos hombres se saludan. Es el 2 de julio de 1996. Están en San Cristóbal de las Casas, Chiapas. Participan en el Foro Especial para la Reforma del Estado. Uno de ellos, el anfitrión, tiene un pasamontañas y una pipa y, además de dar la mano derecha toma el codo de su interlocutor con la izquierda; el otro, el invitado, se protege detrás de unas gafas de sol y prefiere mantener un poco de distancia con su contraparte. Son el subcomandante Marcos y Andrés Manuel López Obrador.

Hoy, la imagen se ha desgarrado. Los dirigentes políticos ya no se dan más la mano. El vocero del EZLN ha hecho fuertes críticas al precandidato presidencial del Partido del PRD. El tabasqueño ha guardado silencio.

La instantánea resumía no un encuentro circunstancial sino una convergencia de largo aliento. Los zapatistas estimaron que era posible impulsar con el cardenismo y las fuerzas que se agruparan en torno a él un proceso de transformación que incluyera los once puntos que habían levantado junto a las demandas de

leaders no longer offer to shake hands. The spokesman of the EZLN has strongly criticized the PRD's presidential candidate. The man from Tabasco has kept silent.

The snapshot captured not just a circumstantial encounter but a long-awaited convergence. The Zapatistas reckoned that it was possible to prompt a process of transformation with the PRD that would include the eleven points[5] that they had raised in addition to the demands of the indigenous communities. And they sought to consolidate that coming together. Therefore, not only López Obrador, but also Cuauhtémoc Cárdenas, was present at that meeting.

However, the distance between the rebels and Cárdenas began to grow, not nine years after the encounter during which the photo was taken, but early on. The day of the portrait, the Zapatistas met with an extensive delegation of the PRD and they negotiated the beginning of a "formal relation based on solidarity and mutual respect." Party leaders signed a communiqué with the announcement. Moments later, Porfirio Muñoz Ledo, president of the party of the Aztec sun, the PRD,[6] repudiated the pact. From that moment on, the falling-outs became increasingly frequent and serious.

The rupture surpassed the personalities of the leaders, and was not of Marcos' making, nor the product of anger. It was even less a question of personal rivalry. An enormous gulf had opened up between the political

los pueblos indios. Y buscaron formalizar esa concurrencia. Por eso estaban presentes en esa reunión no sólo López Obrador, sino también Cuauhtémoc Cárdenas.

La distancia entre los rebeldes y el cardenismo comenzó, sin embargo, no nueve años después del encuentro en el que se tomó la fotografía, sino a las pocas horas. El día del retrato, los zapatistas se reunieron con una amplia delegación del PRD y pactaron el inicio de una "relación formal fundada en la solidaridad y el respeto mutuo." Dirigentes del partido firmaron un comunicado con el anuncio. Momentos después, Porfirio Muñoz Ledo, presidente del partido del sol azteca, desautorizó el pacto. Desde ese instante los desencuentros fueron cada vez más frecuentes y graves.

La ruptura en curso rebasa la personalidad de los dirigentes. El pleito no es una ocurrencia de Marcos, ni el producto de un enojo. Mucho menos una cuestión de rivalidad personal. Un enorme foso se ha abierto entre el partido político y la fuerza político-militar, e impide que caminen juntos. Sus diferencias se han vuelto irreconciliables. El zapatismo no cree ya, como lo hizo en 1994, que alrededor del *lopezobradorismo* sea factible construir un movimiento de transformación política y social. Desde su punto de vista, el triunfo electoral de Cuauhtémoc Cárdenas en 1997 abrió dentro del sol azteca un daño profundo e irreparable. Un camino que desembocó, cuatro años más tarde, en la apuesta de la

party and the political-military force, and impeded their progress together. Their differences had become irreconcilable. The Zapatistas do not believe now, as they did in 1994, that it is be possible to build a movement of social and political transformation around López Obrador. From their point of view, the electoral triumph of Cuauhtémoc Cárdenas in 1997 opened a deep and irreparable wound within the PRD. The road which led—four years later—to the party leadership's gamble to prevent the EZLN from triumphantly re-emerging into open politics throughout the country. A route that led a group of Chiapas-based paramilitaries to the ranks of the PRD.

Nevertheless, the reproaches of the rebels were not limited to either the PRD or López Obrador. Their criticism aims at the political class in its entirety. "It's not true," they have said, "that we are just against the PRD: *the other geometry* was clearly against the PRI and the PAN." From their point of view, the degradation of the political professionals is so great that there is nothing to be done with them. The moment of breakdown between the political class and society was consummated in April 2001, when the parties voted unanimously in the Senate for the constitutional reform on rights and indigenous culture that betrayed the San Andrés accords.

For many, the Zapatista's condemnation of López Obrador is incomprehensible and inopportune—an

dirección del partido a impedir que el EZLN saliera triunfante a hacer política abierta en todo el territorio nacional. Una ruta que condujo a grupos de paramilitares chiapanecos a las filas perredistas.

Sin embargo, los reproches de los rebeldes no se circunscriben al sol azteca ni a López Obrador. Sus críticas tocan al conjunto de la clase política. "No es cierto —han dicho— que nomás estamos en contra del PRD: *la otra geometría* era clara en contra del PRI y del PAN". Desde su punto de vista, la degradación de los políticos profesionales es tan grande, que no hay nada que hacer allí. El momento de quiebre entre la clase política y la sociedad se consuma en abril de 2001, cuando los partidos votaron por unanimidad en el Senado la reforma constitucional sobre derechos y cultura indígena que traicionó los Acuerdos de San Andrés.

Para muchos la descalificación zapatista a López Obrador es incomprensible e inoportuna, es expresión de un sectarismo inadmisible que divide a las fuerzas progresistas. Pero el EZLN asegura que su critica proviene de consideraciones éticas ("queremos voltear a ver nuestros muertos y no sentir vergüenza", han dicho) de la trayectoria seguida por el PRD y de su convicción de que el precandidato presidencial no es de izquierda.

En política no hay espacios vacíos. Cuando una fuerza abandona una franja del espectro para tratar de ocupar otra, el hueco que deja es ocupado irremediablemente por un grupo emergente. Eso es lo

unacceptable sectarianism that divides progressive forces. But the Zapatistas insist that their criticism stems from ethical consideration—and rejection—of the path followed by the PRD and of the conviction that the presidential candidate is not of the Left. Of this rejection they say, "We want to turn to face our dead and not feel shame."

In politics there are no empty spaces. When one force abandons its place on the spectrum, the hole that it leaves is inevitably occupied by another force. This is what seems to be happening ot the PRD. Since its birth, the Aztec Sun Party has become the main Left current in Mexico. The majority of the groups and socialist parties in the country—including some of the most radical—contributed to the project. A lot of social fighters sought cover, support, and coordination for their activities there.

Nevertheless, those in the PRD have indeed abandoned many of their original positions. Beyond their declarations and the day-to-day activities of its many militants, a group of its legislators, governors and party leaders have re-oriented the party toward the political geographic center. Their behavior and the positions they defend differ little from the other political groups. Their opposition to neoliberalism is more rhetorical than practical. Thus, they have created an "empty" space within Mexico's political-electoral spectrum—a hole on the Left.

The PRD's slide toward the Right has been exacer-

que parece estar sucediéndole al Partido de la Revolución Democrática (PRD).

Desde su nacimiento, el partido del sol azteca se convirtió en la principal corriente de izquierda en México. La mayoría de los grupos y partidos socialistas del país, incluidos algunos de los más radicales, se sumaron al proyecto. Una gran cantidad de luchadores sociales buscaron allí cobertura, apoyo y coordinación para su actividad.

Sin embargo, el PRD abandonó en los hechos muchos de sus postulados originales. Más allá de sus declaraciones y de lo que muchos de sus militantes hacen todos los días, parte de sus legisladores, gobernantes y dirigentes partidarios se han desplazado hacia el centro de la geometría política. Su comportamiento y las posiciones que defienden se diferencian poco de otros agrupamientos. Su oposición al neoliberalismo es más retórica que práctica. El partido dejó libre un enorme hueco a la izquierda.

Ese corrimiento hacia el centro se ha profundizado a partir de la gran expectativa de triunfo electoral que el PRD tiene en las próximas elecciones presidenciales. Basada más en la popularidad de Andrés Manuel López Obrador que en un proceso de acumulación de fuerzas del partido, alimentada más por el crecimiento de un estado de opinión que por el crecimiento organizativo, la posibilidad de la victoria ha obligado al jefe de gobierno de la ciudad de México a establecer compromisos con

bated by its great expectations of electoral triumph in the next presidential elections. Based more in the popularity of Andrés Manuel López Obrador than in a process of accumulation of party strength, and fed more by the growth of a state of opinion than by organizational growth, the possibility of victory has obliged the head of government of Mexico City[7] to make compromises with the real factors of power—big business, corporate media, the Church, the United States—or to at least take them into account when it came to defining a political position.

In spite of his origins, in spite of his long path as the leader of important social mobilizations, in spite of his commitment to the poor, and in spite of his conviction that the energy sector should not be privatized, López Obrador has declared to the international press that his project is *from the center*. He has promised not to modify macroeconomic politics, and he has not concerned himself with promoting the construction of autonomous citizens' organizations. Without a tightly woven social base from below, the man from Tabasco has duly made agreements with those above.

There is, then, a "void" in the national political spectrum. The Zapatista's strong criticism of the PRD and López Obrador—performed more with the roughness of the machete that with the precision of the scalpel—announces the rebels' intention to occupy that abandoned territory. This space is not only ideological but, above all, political and social.

los factores reales de poder, o al menos a considerarlos a la hora de fijar su posición política.

Es así como a pesar de su origen, de su larga trayectoria como dirigente de importantes movilizaciones sociales, de su compromiso con los pobres, y de su convicción de que no hay que privatizar el sector energético, López Obrador ha declarado a la prensa internacional que su proyecto es de centro, se ha comprometido a no modificar la política macroeconómica, y no se ha preocupado por fomentar la construcción de organizaciones autónomas de ciudadanos. Sin un sólido tejido social que lo apoye abajo, el tabasqueño ha debido hacer acuerdos arriba.

Existe pues en la izquierda del espectro político nacional un espacio "vacío". La fuerte critica del EZLN al PRD y López Obrador (efectuada más con la rudeza del machete que con la precisión del bisturí), anuncia su intención por ocupar ese territorio abandonado. Un espacio que no es sólo ideológico sino, sobre todo, político y social.

UNA CAMPAÑA MUY OTRA

En enero de 2006 *La Otra Campaña* comenzó a toda máquina, entre saludos, adhesiones, confusión, temores y descalificaciones. No hubo en ello novedad. Siempre ha sido así con las iniciativas políticas zapatistas.

La Otra Campaña provoca dudas entre quienes

A CAMPAIGN VERY *OTHER*

In January 2006, amidst greetings, messages of support, confusion, fears, and condemnations, the *Other Campaign* took off at full throttle. This was nothing new. It has always been like this with Zapatista political initiatives.

The *Other Campaign* causes doubts among those who believe that the only politics possible are those carried out by means of parties and elections, because it dramatically challenges the terrain of work of political professionals and their advisors. The challenge consists of a non-electoral political offensive during election time. It does not call for a vote for or against any candidate. Nor does it promote abstention.

But if the *Other Campaign* does not seek to impact the electoral results, what is it trying to achieve? British writer John Berger offers, in part, one answer: "The multitudes"—he says—"have answers to questions that have not yet been formulated, and the capacity to outlive the walls." The *Other Campaign* seeks answers that cannot be found in the field of formal politics nor in the political establishment, but rather in the struggle of humble people. It intends to organize the resistance of those from below in order to break the fences of exclusion that have separated the winners and the losers—the privileged and the struggling—in Mexico.

The *Other Campaign* wants to give voice to those who have none, and who are *not going to have one*, under the

consideran que la única política posible es la que se hace desde los partidos y en las elecciones, porque cambia drásticamente el terreno del quehacer de los profesionales del poder y sus estudiosos. Consiste en una ofensiva política no electoral en tiempo de comicios. No llama a votar por algún candidato ni a no hacerlo. Tampoco promueve la abstención.

Pero, si *La Otra Campaña* no busca incidir en los resultados electorales, ¿qué es lo que pretende? Una respuesta, en parte, la ofrece el escritor británico John Berger: "Las multitudes" —dice— "tienen respuestas a preguntas que aún no se han formulado, y la capacidad de sobrevivir a los muros." *La Otra Campaña* busca respuestas que no pueden hallarse en el campo de la política formal ni de la clase política sino en las luchas de la gente sencilla. Pretende organizar la resistencia de los de abajo para romper las vallas de la exclusión que separan a los ganadores de los perdedores en este país.

La Otra Campaña quiere dar voz a quienes no la tienen y no la van a tener en la lógica estricta de las campañas electorales. Aspira a hacer visibles a los invisibles que luchan en todo el país. Desea mostrar los grandes problemas nacionales que los candidatos presidenciales evitan nombrar por su temor a perder el centro político. Quiere sentar las bases para reconstituir desde abajo una izquierda anticapitalista. Busca tejer una red nacional de representaciones políticas genuinas. Promueve la creación de condiciones favorables para formar una gran

strict logic of electoral campaigns. It aspires to make visible the invisible people who struggle all over the country. It aims to show the huge national problems that the presidential candidates avoid discussing out of fear of losing the political middle-ground. It wants to build the foundation nesessary to reconstitute an anti-capitalist Left from below—an anti-capitalist Left that directly speaks for the multitudes who traditionally have been ignored, neglected, and oppressed. It seeks to weave a national network of genuine political represen-tations. It promotes the creation of favorable conditions for the formation of a great social and political force with the capacity to veto governmental politics and to alter the course of the nation, independently of the win-ners of the 2006 federal elections.

The Zapatistas move at their own pace and according to their own agenda. They realize that the radical nature of a struggle has to do not with whether it's illegal or clan-destine, but rather with its capacity to challenge the system and to build up subjects of change. The Zapatis-tas' new initiative deeply questions the mediations as much as the mechanisms of existing political representa-tion, and at the same time stimulates the formation of a national network of resistance and solidarity. They seek to alter the conditions that fuel social conflict, changing the power relations in favor of the popular base.

The *Other Campaign* seeks to create a non-state pub-lic sphere by taking politics outside the strict framework

fuerza política y social con capacidad para vetar políticas gubernamentales e incidir en el rumbo de la nación, independientemente de quien gane los comicios federales de 2006.

La Otra Campaña zapatista se mueve de acuerdo con sus propios tiempos y su agenda. La radicalidad de una lucha no tiene que ver con su ilegalidad, sino con su capacidad de impugnar el sistema y construir los sujetos del cambio. El proyecto cuestiona profundamente tanto las mediaciones como los mecanismos de representación política existentes, al tiempo que estimula la formación de una red nacional de resistencias y solidaridades. Busca modificar las condiciones dentro de las que se mueve el conflicto social, cambiando la correlación de fuerzas a favor del campo popular.

La Otra Campaña apuesta a crear una esfera pública no estatal, a trasladar la política fuera del marco estricto del quehacer gubernamental y parlamentario. Profundiza de esta manera el deterioro del monopolio estatal de las decisiones políticas, tendencia descrita ya, hace años, por el teórico Carl Schmitt. Según el politólogo alemán: "El tiempo del Estatismo toca a su fin (. . .) El Estado como modelo de la unidad política, el Estado como titular del más extraordinario de todos los monopolios, es decir, del monopolio de la decisión política, está a punto de ser destronado."

A diferencia de la hipocresía de la política institucional, en la que los contendientes se niegan a

of governmental and parliamentary administration. In this way it deepens the crisis of the State's monopoly over political decisions, a tendency described years ago by the theorist Carl Schmitt, "The time of Statism has reached its end.... The State as a model of political unity, the State as title holder of the most extraordinary of all monopolies, that is, of the monopoly of political decision, is on the verge of being dethroned."

In contrast to the hypocrisy of institutional politics, in which rivals refuse to recognize that they are enemies and instead present themselves as simple adversaries (all the while kicking each other under the table and seeking nothing less than to annihilate each other), the *Other Campaign* calls each thing by its proper name and thus refuses to abandon the notion of enmity. With the Zapatistas there is no false bowing before established powers and their servants. "The just thing," Marcos has said, "is that the people who kill, humiliate and cheat be imprisoned in place of those who struggle to change things for the benefit of all."

At a time when that Latin American reformism without reforms, Lula-style, has provoked new and bitter disappointment—when a new hardline Left, created outside of the traditional political class and a stranger to "liberal socialism" has emerged as an option for governance in a number of Latin American countries—the Zapatista exodus is creating a new social-political network and solidarity capable of creating new opportunities.

reconocer que tienen enemigos y los presentan como simples adversarios, mientras por debajo de la mesa se dan patadas y buscan aniquilarse, *La Otra Campaña* llama a las cosas por su nombre y se niega a abandonar la noción de enemistad. No hay en ella falsas civilidades ni cortesías hacia el poder establecido y sus hombres. "Lo justo", ha dicho *Marcos*, "sería que la gente que asesina, humilla y engañe esté presa, en lugar de quienes luchan por cambiar las cosas para todos."

En un momento en el que en América Latina el reformismo sin reformas estilo Lula provoca nuevas y amargas decepciones, y en el que una nueva izquierda dura, gestada por afuera de las clases políticas tradicionales, ajena a las veleidades del "socialismo liberal", emerge como opción de gobierno en varios países del continente, el éxodo zapatista se empeña en construir una red de relaciones de solidaridad capaz de inventar nuevas oportunidades.

EL ROMPER DE LA OLA

Una fuerte ola amenaza con estrellarse contra el andamiaje político institucional en México. Viene de muy lejos y se fortalece con los vientos de tormenta que sacuden al país. Durante la mayor parte de su recorrido la superficie del océano político por la que pasa parece no presentar alteración alguna. Sin embargo, cuando se

THE BREAKING WAVE

A strong wave is threatening to crash against the long-standing political framework in Mexico. It comes from very far away and is fortified by the storm winds that are shaking the country. During most of its journey over the surface of the political ocean, it seems to pass without causing any alteration. Nevertheless, when it raises and breaks, it will shake the existing system of representation.

That wave travels along routes that are opening as a result of the *Other Campaign*. Partly "forgotten" by the majority of the corporate media, the rebel initiative is energetically making itself heard in the regions through which it passes by word of mouth. Its tracks and its impact are recorded on the information highways that pulse within the Internet.

In contrast to the *March of the Color of the Earth* that the Zapatistas held between the months of February and March 2001, the *Other Campaign* does not try to gather huge crowds. The mobilization at the beginning of President Vincente Fox's six-year term had a very clear aim: to pressure Congress so that the legislation around indigenous rights and culture would be passed as agreed upon by the Commission for Agreement and Pacification (COCOPA). They needed to demonstrate strong popu-

alce y rompa, sacudirá el sistema de representación existente.

Esa ola camina por las rutas que ha abierto *La Otra Campaña*. Parcialmente "olvidada" por la mayoría de los grandes medios de comunicación, la iniciativa rebelde se hace escuchar con gran fuerza en los comentarios de boca en boca que corren en las regiones por las que pasa. Sus huellas y su impacto pueden rastrearse en las autopistas de la información que circulan en la galaxia de Internet.

A diferencia de *La marcha del color de la tierra* que los zapatistas realizaron entre los meses de febrero y marzo de 2001, *La Otra Campaña* no se propone realizar grandes concentraciones de masas. La movilización de comienzos del sexenio del presidente Vicente Fox tuvo un fin muy claro: presionar al Congreso para que legislara sobre derechos y cultura indígenas de acuerdo con el compromiso establecido por la Comisión de Concordia y Pacificación (Cocopa.) Requirió hacer evidente un fuerte respaldo popular. En cambio, el nuevo éxodo rebelde busca un objetivo más amplio y ambicioso: dar forma al enorme descontento existente entre los sectores más politizados del país, y construir una fuerza con capacidad de convertirse en un nuevo poder constituyente. Su tarea es básicamente organizativa.

La Otra Campaña influye poco en la parte del México de abajo que ve la candidatura de Andrés Manuel López Obrador como la vía principal para resolver sus demandas y aspiraciones. Mucho menos incide entre

lar support for the initiative. On the other hand, the new rebel exodus seeks a wider and more ambitious objective: *to give form to the escalating discontent that exists within the country's most politicized sectors, and to shape a force with the capacity to convert itself into a new power constituency.* Their task is basically one of organization.

The *Other Campaign* has little influence in the Mexico from below that sees the candidacy of Andrés Manuel López Obrador as the main means of achieving its demands and aspirations. It has even less impact among those who are used to utilizing the elections to negotiate small material concessions in exchange for their vote in the so-called "hunger vote."

On the other hand, the *Other Campaign* is generating a great response among the exiles and common people who feel both unrepresented by the parties and uncomfortable with the actual system of political representation. Since the beginning, these are the people who have been the main recipients of the *Other Campaign*'s message, and although they are not the majority in society, they will become a force of political transformation in Mexico if they mobilize.

A survey of the participants attending the months of meetings with *Delegado Zero*—Subcomandante Marcos's name during the *Other Campaign*—reveal a mixed bag of old and new social insubordinates: fishermen, small merchants, rural settlers affected by the construction of public infrastructure projects, electricity consumers

quienes están acostumbrados a utilizar las elecciones para negociar pequeñas concesiones materiales a cambio de su voto en el llamado sufragio del hambre.

En cambio *La Otra Campaña* está teniendo gran receptividad en los proscritos, en la gente común que no se siente defendida por los partidos ni encuentra acomodo en el actual sistema de representación política. Ellos han sido, desde su arranque, los principales destinatarios de su mensaje. Se trata de un sector que no es mayoritario en la sociedad, pero sí numeroso, que, movilizado, puede convertirse en indudable elemento de transformación política.

El recuento de los asistentes a las reuniones que el *Delegado Zero* ha sostenido en este girá muestra una variopinta cuadrilla de viejos y nuevos insumisos sociales: pescadores, pequeños comerciantes, pobladores rurales afectados por la construcción de obras de infraestructura, usuarios eléctricos que pagan un alto costo por las tarifas, obreras de la maquila, indígenas, damnificados por desastres naturales que no han sido apoyados por el gobierno, indígenas, campesinos pobres, defensores del maíz criollo y enemigos de los transgénicos, maestros democráticos, prostitutas, homosexuales, trabajadores y jóvenes.

Las asambleas populares en las que se encuentran son también el resumidero de los restos de la derrota de la izquierda radical en México. Allí se dan cita muchos de los agrupamientos que sobrevivieron a la caída del Muro

paying high rates, assembly-line factory workers, victims of natural disasters who have not been supported by the government, indigenous, poor peasants, defenders of the native corn (and enemies of genetically modified corn), democratic teachers, prostitutes, homosexuals, workers and youth.

Also seen coming out for the *Other Campaign* are remnants of Mexico's routed radical Left—groups that survived beyond the fall of the Berlin Wall, the absorption of socialism by revolutionary nationalism, and the transformation of independent popular organizations into the ranks of the PRD. And a multitude of autonomous collectives participate alongside them, activists from protest struggles who are, in part, sons and daughters of Zapatismo.

Those who are speaking out during the *Other Campaign*'s meetings across Mexico are recounting the humiliations they suffer and expressing their enormous discomfort with the current economic and political situation, their profound longing for justice, and their increasing hostility toward professional politicians and the wealthy classes. Without exaggeration, it can be said that their condition is desperate.

The Zapatistas' meetings are not rallies to pressure governmental authorities who have the capacity to resolve demands. Nor are they electoral acts in which those who aspire to be candidates make promises to solve specific problems. They are a space to make pub-

de Berlín, a la absorción del socialismo por el naciona-
lismo revolucionario y a la transformación de
organizaciones populares independientes en correas de
transmisión del Partido de la Revolución Democrática
(PRD). Y, junto a ellos, participa multitud de colectivos
autónomos promotores de luchas reivindicativas que
son, en parte, hijos e hijas del zapatismo.

Quienes han tomado la palabra en los encuentros han
narrado las humillaciones que sufren y expresado enorme
malestar con la situación económica y política existente,
fuerte anhelo de justicia y enorme hostilidad tanto hacia
los políticos profesionales como a las clases pudientes. Sin
exagerar puede decirse que su condición es desesperada.

Esas reuniones no son mítines de presión ante
autoridades gubernamentales con capacidad para
resolver demandas. Tampoco son actos electorales en
los que se aspira a que los candidatos se comprometan
con la solución de peticiones específicas. Son, sí, un
espacio para hacer público el memorial de agravios
padecido, el terreno para dialogar con los propios sobre
padecimientos y aspiraciones compartidas. Allí se está
creando un lenguaje común entre aquellos que hasta
hace poco no podían consultarse entre sí. Un idioma
que la gente educada desprecia y no entiende bien.

Las campañas electorales se preguntan ¿qué hacemos
con los pobres? *La Otra Campaña* se interroga ¿qué
hacemos con los ricos? Y responde: luchar contra ellos.
En una época en la que el sol de la lista de los

lic the memorial of injustices endured—a terrain for dialogue with one's own about shared suffering and aspirations. A common language is being created there among those who, until now, had not consulted with each other, a language that many educated people despise and do not understand well. And this is happening right now.

The old electoral system asks, *what can we do with the poor?* The *Other Campaign* asks, *what can we do with the rich?* And it responds, *struggle against them.* In an epoch in which the sun of *Forbes* millionaires casts a shadow that makes those from below invisible, the Zapatista voyage points its finger at those from above and blames them for the disastrous state of the country. It recuperates the language of Class in an epoch when the institutional Left is trying to get rid of it. Its speech— as has been the tradition of the statements of the EZLN—is increasingly more related to the proclamations and manifestoes of the indigenous and peasant rebellions of the nineteenth century and with the programs of popular and workers struggle of the twentieth century.

In transit, the new rebel initiative raises another central problem of the popular struggle in Mexico, one about which the electoral parties seem to suffer serious amnesia: the ongoing presence of political prisoners. Just to let it be known, none of the current presidential contenders has placed a foot in jail to visit unjustly

millonarios de *Forbes* proyecta una sombra que hace invisible a los de abajo, el periplo zapatista señala con el dedo índice a los de arriba y los responsabiliza del desastre que vive el país. Recupera así un vocabulario de clase en una época en que la izquierda institucional busca deshacerse de él. Su habla, como ha sido tradición en las declaraciones del EZLN, está cada vez más emparentada con las proclamas y manifiestos de las rebeliones indígenas y campesinas del siglo XIX y con los programas de lucha obrera y popular del siglo XX.

De paso, el nuevo éxodo rebelde pone el dedo en la llaga en un problema nodal de la lucha popular en México, en el cual la izquierda partidaria parece sufrir de grave amnesia: la persistencia de presos políticos. Que se sepa, ninguno de los aspirantes presidenciales ha puesto un pie en la cárcel para visitar a dirigentes sociales injustamente detenidos.

Una gran irritación atraviesa al país. Ya comienza a escucharse el romper de la ola. Es el sonido de *La Otra Campaña*.

detained social leaders during their current run for office.

A great ripple is crossing Mexico. The breaking of the wave is beginning to be heard. That is the sound of the *Other Campaign*.

SEXTA DECLARACIÓN DE LA SELVA LACANDONA

Ejército Zapatista de Liberación Nacional
México

Ésta es nuestra palabra sencilla que busca tocar el corazón de la gente humilde y simple como nosotros, pero, también como nosotros, digna y rebelde. Ésta es nuestra palabra sencilla para contar de lo que ha sido nuestro paso y en dónde estamos ahora, para explicar cómo vemos el mundo y nuestro país, para decir lo que pensamos hacer y cómo pensamos hacerlo, y para invitar a otras personas a que se caminan con nosotros en algo muy grande que se llama México y algo más grande que se llama mundo. Esta es nuestra palabra sencilla para dar cuenta a todos los corazones que son honestos y nobles, de lo que queremos en México y el mundo. Ésta es nuestra palabra sencilla, porque es nuestra idea el llamar a quienes son como nosotros y unirnos a ellos, en todas partes donde viven y luchan.

SIXTH DECLARATION
OF THE LACANDON JUNGLE

Ejército Zapatista de Liberación Nacional
México

This is our simple word which seeks to touch the hearts of humble and simple people like ourselves, but people who, like ourselves, are also dignified and rebel. This is our simple word for recounting what our path has been and where we are now, in order to explain how we see the world and our country, in order to say what we are thinking of doing and how we are thinking of doing it, and in order to invite other people to walk with us in something very great, which is called Mexico, and something greater, which is called the world. This is our simple word to inform all honest and noble hearts what it is we want in Mexico and the world. This is our simple word, because it is our idea to call on those who are like us and to join together with them, everywhere they are living and struggling.

DE LO QUE SOMOS

Nosotros somos los zapatistas del EZLN, aunque también nos dicen "neo zapatistas". Bueno, pues nosotros los zapatistas del EZLN nos levantamos en armas en enero de 1994 porque vimos que ya está bueno de tantas maldades que hacen los poderosos, que sólo nos humillan, nos roban, nos encarcelan y nos matan, y nada que nadie dice ni hace nada. Por eso nosotros dijimos que "¡Ya Basta!", o sea que ya no vamos a permitir que nos hacen menos y nos traten peor que como animales. Y entonces, también dijimos que queremos la democracia, la libertad y la justicia para todos los mexicanos, aunque más bien nos concentramos en los pueblos indios. Porque resulta que nosotros del EZLN somos casi todos puros indígenas de acá de Chiapas, pero no queremos luchar sólo por su bien de nosotros o sólo por el bien de los indígenas de Chiapas, o sólo por los pueblos indios de México, sino que queremos luchar junto con todos los que son gente humilde y simple como nosotros y que tienen gran necesidad y que sufren la explotación y los robos de los ricos y sus malos gobiernos aquí en nuestro México y en otros países del mundo.

Y entonces nuestra pequeña historia es que nos cansamos de la explotación que nos hacían los poderosos y pues nos organizamos para defendernos y para luchar por la justicia. Al principio no somos

WHAT WE ARE

We are the Zapatistas of the EZLN, although we are also called "neo-Zapatistas." Now, we, the Zapatistas, rose up in arms in January of 1994 because we saw how widespread had become the evil wrought by the powerful who only humiliated us, stole from us, imprisoned us, and killed us, and no one was saying anything or doing anything. That is why we said "Ya Basta!"[8]—that we were no longer going to allow them to make us inferior or to treat us worse than animals. We also said that we wanted *democracy, liberty, and justice* for *all* Mexicans, although we were concentrating on the Indian peoples because it so happened that we, the EZLN, were almost entirely indigenous people from Chiapas. But we did not want to struggle just for own good, or just for the good of the indigenous of Chiapas, or just for the good of the Indian peoples of Mexico. We wanted to fight along with everyone who was humble and simple like ourselves, who was in great need, and who suffered from exploitation and thievery by the rich and their bad governments, here in our Mexico, and in other countries around the world.

Our small history is that we grew tired of exploitation by the powerful, and we organized in order to defend ourselves and to fight for justice. In the beginning there were not many of us, just a few, going this way and that, talking with and listening to other people like our-

muchos, apenas unos cuantos andamos de un lado a otro, hablando y escuchando a otras personas como nosotros. Eso hicimos muchos años y lo hicimos en secreto, o sea sin hacer bulla. O sea que juntamos nuestra fuerza en silencio. Tardamos como 10 años así, y ya luego pues nos crecimos y pues ya éramos muchos miles. Entonces nos preparamos bien con la política y las armas y de repente, cuando los ricos están echando fiesta de año nuevo, pues les caímos en sus ciudades y ahí nomás las tomamos, y les dejamos dicho a todos que aquí estamos, que nos tienen que tomar en cuenta. Y entonces pues que los ricos se dieron su buena espantada y nos mandaron a sus grandes ejércitos para acabarnos, como de por sí hacen siempre que los explotados se rebelan, que los mandan acabar a todos. Pero nada que nos acabaron, porque nosotros nos preparamos muy bien antes de la guerra y nos hicimos fuertes en nuestras montañas. Y ahí andaban los ejércitos buscándonos y echándonos sus bombas y balas, y ya estaban haciendo sus planes de que de una vez matan a todos los indígenas porque bien no saben quién es zapatista y quién no es. Y nosotros corriendo y combatiendo, combatiendo y corriendo, como de por sí hicieron nuestros antepasados. Sin entregarnos, sin rendimos, sin derrotarnos.

Y entonces que la gente de las ciudades se sale a las calles y empieza con su gritadera de que se pare la guerra. Y entonces pues nos paramos nuestra guerra y lo

selves. We did that for many years, and we did it in secret, without making a stir. In other words, we joined forces in silence. We remained like that for about ten years, and when we had grown, we were many thousands. We trained ourselves quite well in politics and weapons, and, suddenly, when the rich were throwing their New Year's Eve parties, we fell upon their cities and just took them over. And we left a message for everyone that *we are here*, that they had to notice us. Then the rich sent their great armies to do away with us, just like they always do when the exploited rebel. But we were not done away with at all, because we had prepared ourselves quite well prior to the war, and we made ourselves strong in our mountains. And there were the armies—looking for us and launching their bombs and bullets at us—and then they were making plans to kill off all the indigenous at one time, because they did not know who was a Zapatista and who was not. We were running and fighting, fighting and running, just like our ancestors had done. Without giving up, without surrendering, without being defeated.

Then the people from the cities went out into the streets and began shouting for an end to the war. And then we stopped our war, and we listened to those brothers and sisters from the city who were telling us to try to reach an arrangement or an accord with the bad governments, so that the problem could be resolved without a massacre. We paid attention to them, because

escuchamos a esos hermanos y hermanas de la ciudad, que nos dicen que tratemos de llegar a un arreglo, o sea un acuerdo con los malos gobiernos para que se solucione el problema sin matazón. Y pues nosotros lo hicimos caso a la gente, porque esa gente es como decimos "el pueblo", o sea el pueblo mexicano. Así que hicimos a un lado el fuego y sacamos la palabra.

Y resulta que los gobiernos dijeron que sí se van a estar bien portados y van a dialogar y van a hacer acuerdos y los van a cumplir. Y nosotros dijimos que está bueno, pero también pensamos que está bueno que conocemos a esa gente que se salió a las calles para parar la guerra. Entonces, mientras estamos dialogando con los malos gobiernos, pues también lo hablamos a esas personas y vimos que la mayoría era gente humilde y sencilla como nosotros, y ambos entendemos bien por qué luchamos, o sea ellos y nosotros. Y a esa gente la llamamos "sociedad civil" porque la mayoría no era de los partidos políticos, sino que era gente así común y corriente, como nosotros, gente sencilla y humilde.

Pero resulta que los malos gobiernos no querían un buen arreglo, sino que nomás era su maña de que vamos a hablar y hacer acuerdo, y estaban preparando sus ataques para eliminarnos de una vez. Y entonces pues varias veces nos atacaron, pero no nos vencieron porque nos resistimos bien y mucha gente en todo el mundo se movilizó. Y entonces los malos gobiernos se pensaron que el problema es que mucha gente está viendo lo que

they were what we call "the people," or the Mexican people. So we set aside the fire and took up the word.

And it so happened that the governments said that they would indeed be well-behaved, that they would engage in dialogue, that they would make accords, and that they would fulfill them. We said that it was good, but we also thought it was good that we knew those people who went out into the streets in order to stop the war. Then, while we were engaging in dialogue with the bad governments, we were also talking with those people, and we saw that most of them were humble and simple like us, and both—they and we—understood quite well why we were fighting. And we called those people "civil society" because most of them did not belong to political parties; rather they were common, everyday people—like us—simple and humble people.

But it so happened that the bad governments did not want a good agreement; rather it was just their underhanded way to say they were going to talk and to reach accords, while they were actually preparing their attacks in order to eliminate us once and for all. And they attacked us several times, but they did not defeat us, because we resisted quite well, and many people throughout the world mobilized. And then the bad governments thought that the problem was that many people saw what was happening with us, and they began acting as if nothing were going on. Meanwhile they were quick to surround us, and they laid siege to us in

pasa con el EZLN, y empezó su plan de hacer como si no pasa nada. Y mientras, pues bien que nos rodea, o sea que nos pone un cerco, y espera que, como de por sí nuestras montañas están retiradas, pues la gente se olvide porque está lejos la tierra zapatista. Y cada tanto los malos gobiernos prueban y nos tratan de engañar o nos atacan, como en febrero de 1995 que nos aventó una gran cantidad de ejércitos pero no nos derrotó. Porque, como luego dicen, no estábamos solos y mucha gente nos apoyó y nos resistimos bien.

Y pues ya los malos gobiernos tuvieron que hacer acuerdos con el EZLN y esos acuerdos se llaman "Acuerdos de San Andrés" porque "San Andrés" se llama el municipio donde se firmaron esos acuerdos. Y en esos diálogos no estábamos solitos nosotros hablando con los del mal gobierno, sino que invitamos a mucha gente y organizaciones que estaban o están en la lucha por los pueblos indios de México, y todos decían su palabra y todos sacábamos acuerdo de cómo vamos a decir con los malos gobiernos. Y así fue ese diálogo, que no sólo estaban los zapatistas por un lado y los gobiernos por el otro, sino que con los zapatistas estaban los pueblos indios de México y los que los apoyan. Y entonces en esos acuerdos los malos gobiernos dijeron que sí van a reconocer los derechos de los pueblos indios de México y van a respetar su cultura, y todo lo van a hacer ley en la Constitución. Pero, ya luego que firmaron, los malos gobiernos se hicieron

hopes that, since our mountains are indeed remote, people would then forget, since Zapatista lands are so far away. And every so often the bad governments tested us and tried to deceive us or to attack us, like in February 1995 when they launched a huge number of troops at us. But they did not defeat us because we were not alone; many people helped us, and we resisted well.

Then the bad governments had to make accords with the EZLN, and those accords were called the "San Andrés Accords" because the municipality where those accords were signed was called "San Andrés." During the dialogues we were not all alone in speaking with people from the bad governments. We invited many people and organizations who were, or are, engaged in the struggle for the Indian peoples of Mexico, and everyone spoke their word and reached agreement as to how we were going to speak with the bad governments. And that is how that dialogue was, not just the Zapatistas on one side and the governments on the other. Instead, the Indian peoples of Mexico and those who supported them were with the Zapatistas. Then the bad governments said in those accords that they were indeed going to recognize and respect the rights and culture of the Indian peoples of Mexico, and to make everything law in the Constitution. But then, once they had signed, the bad governments acted as if they had forgotten what they had agreed to, and many years passed, and the accords were not fulfilled at all. Quite the opposite: the

como que se les olvida y pasan muchos años y nada que se cumplen esos acuerdos. Al contrario, el gobierno atacó a los indígenas para hacerlos que se echan para atrás en la lucha, como el 22 de diciembre de 1997, fecha en la que el Zedillo mandó matar a 45 hombres, mujeres, ancianos y niños en el poblado de Chiapas que se llama ACTEAL. Este gran crimen no se olvida tan fácil y es una muestra de cómo los malos gobiernos no se tientan el corazón para atacar y asesinar a los que se rebelan contra las injusticias. Y mientras pasa todo eso, pues los zapatistas estamos dale y dale que se cumplan los acuerdos, y resistiendo en las montañas del sureste mexicano.

Y entonces empezamos a hablarnos con otros pueblos indios de México y sus organizaciones que tienen y lo hicimos un acuerdo con ellos que vamos a luchar juntos por lo mismo, o sea por el reconocimiento de los derechos y la cultura indígenas. Y bueno, pues también nos apoyó mucha gente de todo el mundo y personas que son muy respetadas y que su palabra es muy grande porque son grandes intelectuales, artistas y científicos de México y de todo el mundo. Y también hicimos encuentros internacionales, o sea que nos juntamos a platicar con personas de América y de Asia y de Europa y de África y de Oceanía, y conocimos sus luchas y sus modos, y dijimos que son encuentros "intergalácticos" nomás por hacernos los chistositos y porque invitamos también a los de otros planetas pero

government attacked the indigenous in order to make them back out of the struggle, as it did on December 22, 1997, the date on which Zedillo[9] ordered the killing of 45 men, women, old ones and children in the town in Chiapas called Acteal. This immense crime was not so easily forgotten, and it was a demonstration of how the bad governments color their hearts in order to attack and assassinate those who rebel against injustices. And, while all of that was going on, we Zapatistas were putting our all into fulfilling of the accords and resisting in the mountains of the Mexican southeast.

We also spoke with other Indian peoples of Mexico and their organizations, and we made agreements with them that we were going to struggle together for the same thing, for the recognition of indigenous rights and culture. We are also being helped by many people from all over the world and by people whose word is great because they are well-respected intellectuals, artists, and scientists from Mexico and from all over the world. We also held international *encuentros*.[10] In other words, we are joining together to talk with people from America and Asia, from Europe, Africa, and Oceania, and we are learning about their struggles and their ways. We say they are "intergalactic" encuentros, just to be silly and because we also invite those from other planets, but it appeared they have not come. Or perhaps they have come, but they haven't made it clear.

But the bad governments do not keep their word

parece que no llegaron, o tal vez sí llegaron pero no lo dijeron claro.

Pero como quiera los malos gobiernos no cumplían, y entonces pues hicimos un plan de hablar con muchos mexicanos para que nos apoyan. Y entonces pues primero hicimos, en 1997, una marcha a la Ciudad de México que se llamó "de los 1,111" porque iban un compañero o compañera por cada pueblo zapatista, pero el gobierno no hizo caso. Y luego, en 1999, hicimos una consulta en todo el país y ahí se miró que la mayoría sí está de acuerdo con las demandas de los pueblos indios, pero los malos gobiernos tampoco hicieron caso. Y ya por último, en 2001, hicimos la que se llamó la "marcha por la dignidad indígena" que tuvo mucho apoyo de millones de mexicanos y de otros países, y llegó hasta donde están los diputados y senadores, o sea el Congreso de la Unión, para exigir el reconocimiento de los indígenas mexicanos.

Pero resulta que no, que los políticos que son del partido PRI, el partido PAN y el partido PRD se pusieron de acuerdo entre ellos y nomás no reconocieron los derechos y la cultura indígenas. Eso fue en abril del 2001 y ahí los políticos demostraron claro que no tienen nada de decencia y son unos sinvergüenzas que sólo piensan en ganar sus buenos dineros como malos gobernantes que son. Esto hay que recordarlo porque ya van a ver ustedes que ahora van a decir que sí van a reconocer los derechos indígenas,

anyway, and so we made a plan to talk with many Mexicans so they would help us. And then, in 1997, we held our "March of the 1,111" to Mexico City (which was called that because a compañero or compañera was sent from each Zapatista town), but the bad government did not pay any attention. Then, in 1999, we held a *consulta*[11] throughout the country that showed the majority of people was indeed in agreement with the demands of the Indian peoples, but again the bad governments did not pay any attention. And then, lastly, in 2001, we held what was called the "March for indigenous dignity" which had support from millions of Mexicans and people from other countries, and which went to where the deputies and senators were—the Congress of the Union—in order to demand recognition of the Mexican indigenous.

But it happened that the politicians from the PRI, the PAN and the PRD reached an agreement among themselves, and they simply did not recognize indigenous rights and culture. That was in April 2001, and the politicians demonstrated quite clearly that they had no decency whatsoever, that they were swine who thought only about making their good money like the bad politicians they were. This must be remembered, because you will now see them say they will indeed recognize indigenous rights, but it is a lie they tell so we will vote for them. They had their chance, and they did not keep their word.

pero es una mentira que echan para que votemos por ellos, pero ya tuvieron su oportunidad y no cumplieron.

Y entonces pues ahí lo vimos claro que de balde fueron el diálogo y la negociación con los malos gobiernos de México. O sea que no tiene caso que estamos hablando con los políticos porque ni su corazón ni su palabra están derechos, sino que están chuecos y echan mentiras de que sí cumplen, pero no. O sea que ese día que los políticos del PRI, PAN y PRD aprobaron una ley que no sirve, pues lo mataron de una vez al diálogo y claro dijeron que no importa lo que acuerdan y firman porque no tienen palabra. Y pues ya no hicimos ningún contacto con los poderes federales, porque entendimos que el diálogo y la negociación se habían fracasado por causa de esos partidos políticos. Vimos que no les importaron la sangre, la muerte, el sufrimiento, las movilizaciones, las consultas, los esfuerzos, los pronunciamientos nacionales e internacionales, los encuentros, los acuerdos, las firmas, los compromisos. Así que la clase política no sólo cerró, una vez más, la puerta a los pueblos indios; también le dio un golpe mortal a la solución pacífica, dialogada y negociada de la guerra. Y también ya no se puede creer que cumpla los acuerdos a los que llegue con cualquiera. Ahí lo vean para que saquen experiencia de lo que nos pasó.

Y entonces pues nosotros lo vimos todo eso y nos pensamos en nuestros corazones que qué vamos a hacer.

We saw quite clearly that there was no point in dialogue and negotiation with the bad governments of Mexico. It was a waste of time for us to be talking with the politicians, because neither their hearts nor their words were honest. They were crooked, and they told lies that they would keep their word, but they did not. In other words, on that day, when the politicians from the PRI, PAN, and PRD approved a law that was no good, they killed dialogue once and for all; they clearly stated it did not matter what they had agreed to and signed, because they did not keep their word. And then we had no further contact with the federal government because we understood that dialogue and negotiation had failed as a result of those political parties. We saw that blood did not matter to them, nor did death, suffering, mobilizations, consultas, efforts, national and international statements, encuentros, accords, signatures, commitments. And so the political class not only closed the door—one more time—on the Indian peoples, they also delivered a mortal blow to a peaceful resolution—through dialogue and negotiation—to the war. We can no longer believe that agreements will be respected. Take that into account so you can learn from what has happened to us.

When we saw that the government was not going to keep its word we wondered in our hearts what we were going to do.

The first thing we saw was that our heart was not the same as before, when we began our struggle. It was

Y lo primero que vimos es que nuestro corazón ya no es igual que antes, cuando empezamos nuestra lucha, sino que es más grande porque ya tocamos el corazón de mucha gente buena. Y también vimos que nuestro corazón está como más lastimado, que sea más herido. Y no es que está herido por el engaño que nos hicieron los malos gobiernos, sino porque cuando tocamos los corazones de otros pues tocamos también sus dolores. O sea que como que nos vimos en un espejo.

DE DONDE ESTAMOS AHORA

Entonces, como zapatistas que somos, pensamos que no bastaba con dejar de dialogar con el gobierno, sino que era necesario seguir adelante en la lucha a pesar de esos parásitos haraganes de los políticos. El EZLN decidió entonces el cumplimiento, solo y por su lado (o sea que se dice "unilateral" porque sólo un lado), de los Acuerdos de San Andrés en lo de los derechos y la cultura indígenas. Durante 4 años, desde mediando el 2001 hasta mediando el 2005, nos hemos dedicado a esto, y a otras cosas que ya les vamos a decir.

Bueno, pues empezamos entonces a echarle ganas a los municipios autónomos rebeldes zapatistas, que es como se organizaron los pueblos para gobernar y gobernarse, para hacerlos más fuertes. Este modo de gobierno autónomo no es inventado así nomás por el EZLN, sino

larger, because now we had touched the hearts of many good people. And we also saw that our heart was more hurt; it was more wounded. It was not wounded by the deceits of the bad governments, but because, when we touched the hearts of others, we also touched their sorrows. It was as if we were seeing ourselves in a mirror.

WHERE WE ARE NOW

Then, like the Zapatistas we are, we thought it was not enough to stop engaging in dialogue with the government, but that it was necessary to continue in the struggle, in spite of those lazy parasites, the politicians. The EZLN then decided to unilaterally carry out the San Andrés Accords regarding indigenous rights and culture. For four years—from the middle of 2001 until the middle of 2005—we have devoted ourselves to this and to other things which we are going to tell you about.

We began to encourage the autonomous rebel Zapatista municipalities—which is how the people are organized in order to govern and to govern themselves—in order to make themselves stronger. This method of autonomous government was not simply invented by the EZLN; it comes from several centuries of indigenous resistance and from the Zapatistas' own experience. It is the self-governance of the communi-

que viene de varios siglos de resistencia indígena y de la propia experiencia zapatista, y es como el autogobierno de las comunidades. O sea que no es que viene alguien de afuera a gobernar, sino que los mismos pueblos deciden, de entre ellos, quién y cómo gobierna, y si no obedece pues lo quitan. O sea que si el que manda no obedece al pueblo, lo corretean, se sale de autoridad y entra otro.

Pero entonces vimos que los municipios autónomos no estaban parejos, sino que había unos que estaban más avanzados y tenían más apoyos de la sociedad civil, y otros estaban más abandonados. O sea que faltaba organizar para que fuera más parejo. Y también vimos que el EZLN con su parte político-militar se estaba metiendo en las decisiones que le tocaban a las autoridades democráticas, como quien dice "civiles". Y aquí el problema es que la parte político-militar del EZLN no es democrática, porque es un ejército, y vimos que no está bien eso de que está arriba lo militar y abajo lo democrático, porque no debe de ser que lo que es democrático se decida militarmente, sino que debe ser al revés: o sea que arriba lo político democrático mandando y abajo lo militar obedeciendo. O tal vez es mejor que nada abajo sino que puro planito todo, sin militar, y por eso los zapatistas son soldados para que no haya soldados. Bueno, pero entonces, de este problema, lo que hicimos fue empezar a separar lo que es político-militar de lo que son las formas de organización autónomas y democráticas de las

ties. In other words, no one from outside comes to govern, but the people decide, among themselves, who governs and how, and, if they do not obey the people they are removed from authority, and another comes in.

But then we saw that the autonomous municipalities were not equal. Some were more advanced and had more support from civil society, while others were more neglected. Some action had to be taken in order to balance the situation. And we also saw that the EZLN, with its political-military component, was involving itself in decisions which belonged to the democratic authorities, "civilians" as they say. The problem here is that the political-military component of the EZLN is not democratic, because it is an army. And we saw that the military being above, and the democratic authority below, was not good, because democratic authority should not be decided militarily. It should be the reverse: the democratic-political authority governing above, and the military obeying below. Or, perhaps, it would be better with nothing below, just completely level, without any military, and that is why the Zapatistas are soldiers, so that one day there will be no soldiers.

What we then did about this problem was to begin separating the political-military from the autonomous and democratic aspects of organization in the Zapatista communities. Actions and decisions that had previously been made by the EZLN were being passed, little by little, to the democratically elected authorities in the vil-

comunidades zapatistas. Y así, acciones y decisiones que antes hacía y tomaba el EZLN, pues se fueron pasando poco a poco a las autoridades elegidas democráticamente en los pueblos. Claro que se dice fácil, pero en la práctica cuesta mucho, porque son muchos años, primero de la preparación de la guerra y ya luego mero de la guerra, y se va haciendo costumbre de lo político-militar. Pero como quiera lo hicimos porque es nuestro modo que lo que decimos pues lo hacemos, porque si no, pues entonces para qué vamos a andar diciendo si luego no hacemos.

Así fue como se nacieron las Juntas de Buen Gobierno, en agosto de 2003, y con ellas se continuó con el autoaprendizaje y ejercicio del "mandar obedeciendo".

Desde entonces y hasta la mitad de 2005, la dirección del EZLN ya no se metió a dar órdenes en los asuntos civiles, pero acompañó y apoyó a las autoridades elegidas democráticamente por los pueblos, y, además, vigiló que se informara bien a los pueblos y a la sociedad civil nacional e internacional de los apoyos recibidos y en qué se utilizaron. Y ahora estamos pasando el trabajo de vigilancia del buen gobierno a las bases de apoyo zapatistas, con cargos temporales que se rotan, de modo que todos y todas aprendan y realicen esa labor. Porque nosotros pensamos que un pueblo que no vigila a sus gobernantes, está condenado a ser esclavo, y nosotros peleamos por ser libres, no por cambiar de amo cada seis años.

lages. It is easy to say, of course, but it was very difficult in practice, because many years had passed—first in the preparation for the war and then the war itself—and the political-military aspects have become customary. But, regardless, we did so because it is our way to do what we say, because, if not, why should we go around saying things if we do not then do them?

That was how the "Good Government Juntas" were born, in August 2003. Through them, we continued the self-education and exercise of "governing by obeying."

From that time, the EZLN leadership has no longer involved itself in giving orders in the villages' civil matters, but it has accompanied and helped the authorities democratically elected by the people. It has also kept watch that the people, and national and international civil society, are kept well-informed concerning the aid that is received and how it is used. Now we are passing the work of safeguarding good government to the Zapatista support bases, with temporary rotating positions, so everyone learns and carries out this work. We believe a people that doesn't watch over its leaders is condemned to be enslaved; and we fight to be free, not to change masters every six years.

The EZLN, during the last four years, also handed over to the Good Government Juntas and the autonomous municipalities the aid and contacts which we had attained throughout Mexico and the world during these years of war and resistance. At the same time,

El EZLN, durante estos 4 años, también le pasó a las Juntas de Buen Gobierno y a los Municipios Autónomos, los apoyos y contactos que, en todo México y el mundo, se lograron en estos años de guerra y resistencia. Además, en ese tiempo, el EZLN fue construyendo un apoyo económico y político que permita a las comunidades zapatistas avanzar con menos dificultades en la construcción de su autonomía y en mejorar sus condiciones de vida. No es mucho, pero es muy superior a lo que se tenía antes del inicio del alzamiento, en enero de 1994. Si usted mira uno de esos estudios que hacen los gobiernos, va a ver que las únicas comunidades indígenas que mejoraron sus condiciones de vida, o sea su salud, educación, alimentación, vivienda, fueron las que están en territorio zapatista, que es como le decimos nosotros a donde están nuestros pueblos. Y todo eso ha sido posible por el avance de los pueblos zapatistas y el apoyo muy grande que se ha recibido de personas buenas y nobles, que les decimos "sociedades civiles", y de sus organizaciones de todo el mundo. Como si todas esas personas hubieran hecho realidad eso de que "otro mundo es posible", pero en los hechos, no en la pura habladera.

Y entonces los pueblos han tenido buenos avances. Ahora hay más compañeros y compañeras que están aprendiendo a ser gobierno. Y, aunque poco a poco, ya más mujeres se están entrando en estos trabajos, pero todavía sigue faltando respeto a las compañeras y que

the EZLN was also building economic and political support to allow the Zapatista communities to make progress toward autonomy and improved living conditions. It's not much, but it's far better than what they had prior to the January 1994 uprising. If you look at one of the government-sponsored studies, you will see the only indigenous communities that have improved their living conditions—whether in health, education, food or housing—were those in Zapatista territory, which is what we call the area where our villages are. All of this has been possible because of the progress made by the Zapatista villages and because of the very large support which has been received from good and noble people, whom we call "civil societies," and from their organizations throughout the world. It is as if all of these people have made "another world is possible" a reality—but not just with empty words, but through real action.

The villages have made good progress. Now there are more compañeros and compañeras who are learning to govern. And little by little, there are more women going into this work, although there is still a lack of respect for the compañeras, and a need for them to participate more in the work of the struggle. Also, through the Good Government Juntas, coordination has improved between the autonomous municipalities and in the resolution of problems with other organizations and official authorities. There has also been much improvement in

ellas participen más en los trabajos de la lucha. Y luego, también con las Juntas de Buen Gobierno, ha mejorado la coordinación entre los municipios autónomos y la solución de problemas con otras organizaciones y con las autoridades oficialistas. Y también se mejoró mucho en los proyectos en las comunidades, y es más parejo el reparto de proyectos y apoyos que da la sociedad civil de todo el mundo: se ha mejorado la salud y la educación aunque todavía falta un buen tanto para ser lo que debe ser, igual con la vivienda y la alimentación, y en algunas zonas se ha mejorado mucho el problema de la tierra porque se repartieron las tierras recuperadas a los finqueros, pero hay zonas que siguen sufriendo por falta de tierras para cultivar. Y luego pues se mejoró mucho el apoyo de la sociedad civil nacional e internacional, porque antes cada quien iba para donde más le latía, y ahora las Juntas de Buen Gobierno las orientan a donde es más necesario. Y, por lo mismo, en todas partes hay más compañeros y compañeras que están aprendiendo a relacionarse con las personas de otras partes de México y del mundo, están aprendiendo a respetar y a exigir respeto, están aprendiendo que hay muchos mundos y que todos tienen su lugar, su tiempo y su modo, y así hay que respetarse mutuamente entre todos.

Bueno, pues nosotros los zapatistas del EZLN nos dedicamos ese tiempo a nuestra fuerza principal, o sea a los pueblos que nos apoyan. Y pues algo sí se ha mejorado la situación, o sea que no hay quien diga que

the projects in the communities, and the distribution of projects and aid donated by civil society from all over the world has become more equal. Health and education have improved, although there is still a good deal lacking in order for it to be what it should. The same is true for housing and food, and in some areas there has been much improvement with the problem of land, because the lands recovered from the *finqueros*[12] are being distributed. But there are areas that continue to suffer from a lack of land to cultivate. There has been great improvement in the support from national and international civil society, because previously everyone went wherever they wanted, but now the Good Government Juntas direct them to where the greatest need exists. Similarly, everywhere there are more compañeros and compañeras who are learning to relate to people from other parts of Mexico and the world. They are learning to respect and to demand respect. They are learning that there are many worlds, everyone has their place, their time, and their way, and that therefore there must be mutual respect between everyone.

We, the Zapatistas of the EZLN, have devoted this time to our primary force, to the people who support us. The situation has indeed improved. No one can say that the Zapatista organization and struggle has been pointless. Rather, even if the government were to do away with us completely, our struggle will indeed have been of some use.

de balde fue la organización y la lucha zapatistas, sino que, aunque nos acaben completamente, nuestra lucha sí sirvió de algo.

Pero no sólo se crecieron los pueblos zapatistas, sino que también se creció el EZLN. Porque lo que pasó en este tiempo es que nuevas generaciones renovaron toda nuestra organización. O sea que como que le metieron nueva fuerza. Los comandantes y comandantas, quienes estaban en su madurez en el inicio del alzamiento en 1994, tienen ahora la sabiduría de lo aprendido en la guerra y en el diálogo de 12 años con miles de hombres y mujeres de todo el mundo. Los miembros del CCRI, la dirección político- organizativa zapatista, ahora aconsejan y orientan a los nuevos que van entrando en nuestra lucha, y a los que van ocupando cargos de dirección. Ya tiene tiempo que los "comités" (que es como les decimos nosotros) han estado preparando toda una nueva generación de comandantes y comandantas que, después de un período de instrucción y prueba, empiezan a conocer los trabajos de mando organizativo y a desempeñarlos. Y pasa también que nuestros insurgentes, insurgentas, milicianos, milicianas, responsables locales y regionales, así como las bases de apoyo, que eran jóvenes en el inicio del alzamiento, son ya hombres y mujeres maduros, veteranos combatientes y líderes naturales en sus unidades y comunidades. Y quienes eran niños en aquel enero de 94, son ya jóvenes que han crecido en la resistencia, y han sido formados en

But it is not just the Zapatista villages that have grown; the EZLN has also grown. What has happened during this time is that new generations have renewed our entire organization. They have added new strength. The comandantes and comandantas who were in their maturity at the beginning of the uprising in 1994 now have the wisdom they gained in the war and in the twelve years of dialogue with thousands of men and women from throughout the world. The members of the CCRI[13]—the Zapatista political-organizational leadership—are now counseling and directing the new ones entering our struggle, as well as those who are holding leadership positions. For some time now the "committees" have been preparing an entirely new generation of comandantes and comandantas who, following a period of instruction and testing, are beginning to learn the work of organizational leadership and how to discharge their duties. Our insurgents, insurgentas, militants, local and regional *responsables*,[14] as well as support bases, who were youngsters at the beginning of the uprising, are now mature men and women, combat veterans and natural leaders in their units and communities. Those who were children in January 1994 are now young people who have grown up in the resistance. They have been trained in rebel dignity, lifted up by their elders throughout these twelve years of war. These young people have a political, technical, and cultural training that we who began the Zapatista

la digna rebeldía levantada por sus mayores en estos 12 años de guerra. Estos jóvenes tienen una formación política, técnica y cultural que no teníamos quienes iniciamos el movimiento zapatista. Esta juventud alimenta ahora, cada vez más, tanto nuestras tropas como los puestos de dirección en la organización. Y, bueno, todos nosotros hemos visto los engaños de la clase política mexicana y la destrucción que sus acciones provocan en nuestra patria. Y hemos visto las grandes injusticias y matazones que hace la globalización neoliberal en todo el mundo. Pero de eso les decimos más luego.

Así el EZLN ha resistido 12 años de guerra, de ataques militares, políticos, ideológicos y económicos, de cerco, de hostigamiento, de persecución, y no nos han vencido, no nos hemos vendido ni rendido, y hemos avanzado. Más compañeros de muchas partes se han entrado en la lucha, así que, en lugar de que nos hacemos más débiles después de tantos años, nos hacemos más fuertes. Claro que hay problemas que se pueden resolver separando más lo político-militar de lo civil-democrático. Pero hay cosas, las más importantes, como son nuestras demandas por las que luchamos, que no se han logrado cabalmente.

Según nuestro pensamiento y lo que vemos en nuestro corazón, hemos llegado a un punto en que no podemos ir más allá y, además, es posible que perdamos todo lo que tenemos, si nos quedamos como estamos y

movement did not have. These youth are now sustaining our troops more and more, as well as assuming leadership positions in the organization. All of us have seen the deceits of the Mexican political class and the destruction which its actions have caused in our country. And we have seen the great injusticcs and massacres that neoliberal globalization causes throughout the world. But we will speak to you of that later.

The EZLN has resisted through twelve years of war—of military, political, ideological, and economic attacks, of siege, of harassment, of persecution—and we have not been vanquished. We have not sold out or surrendered, and we have made progress. More compañeros from many places have entered into the struggle so that, instead of being weaker after so many years, we have become stronger. Of course there are problems that can be resolved by more separation of the political-military from the civil-democratic authority. But there are still things—the most important ones, the demands for which we struggle—that have not been fully achieved.

By our way of thinking, and what we see in our hearts, we have reached a point where we cannot go any further, and we could possibly lose everything we have if we do nothing more to move forward. The hour to take a risk has come once again, to take a step which is dangerous but worthwhile. United with other social sectors who suffer from the same wants as ours, it will

no hacemos nada más para avanzar. O sea que llegó la hora de arriesgarse otra vez y dar un paso peligroso pero que vale la pena. Porque tal vez unidos con otros sectores sociales que tienen las mismas carencias que nosotros, será posible conseguir lo que necesitamos y merecemos. Un nuevo paso adelante en la lucha indígena sólo es posible si el indígena se junta con obreros, campesinos, estudiantes, maestros, empleados… o sea los trabajadores de la ciudad y el campo.

DE CÓMO VEMOS EL MUNDO

Ahora vamos a explicarles cómo es que vemos nosotros los zapatistas lo que pasa en el mundo. Pues vemos que el capitalismo es el que está más fuerte ahorita. El capitalismo es un sistema social, o sea una forma como en una sociedad están organizadas las cosas y las personas, y quien tiene y quien no tiene, y quien manda y quien obedece. En el capitalismo hay unos que tienen dinero o sea capital y fábricas y tiendas y campos y muchas cosas, y hay otros que no tienen nada sino que sólo tienen su fuerza y su conocimiento para trabajar; y en el capitalismo mandan los que tienen el dinero y las cosas, y obedecen los que nomás tienen su capacidad de trabajo.

Y entonces el capitalismo quiere decir que hay unos pocos que tienen grandes riquezas, pero no es que se

perhaps be possible to achieve what we need and what we deserve. A new step forward in the indigenous struggle is only possible if the indigenous join together with workers, campesinos, students, teachers, employees: the workers of the city and the countryside.

HOW WE SEE THE WORLD

This is how we, the Zapatistas, see what is going on in the world. We see that capitalism is dominant right now. Capitalism is a social system, a way in which a society goes about organizing things and people: who has and who has not, who gives orders and who obeys. In capitalism, some people have money, or capital, and factories, stores, fields and many other things, and there are others who have nothing to work with but their strength and knowledge. In capitalism, those who have money and things give the orders, and those who only have the ability to work obey.

Capitalism means only a few have great wealth, but they did not win a prize, find a treasure, or inherit from a parent. They obtained that wealth, rather, by exploiting the work of the many. So capitalism is based on the exploitation of the workers, which means the few exploit the workers and take out all the profits they can. This is done unjust because they do not pay the workers what their work is worth. Instead the workers receive a wage

sacaron un premio, o que se encontraron un tesoro, o que heredaron de un pariente, sino que esas riquezas las obtienen de explotar el trabajo de muchos. O sea que el capitalismo se basa en la explotación de los trabajadores, que quiere decir que como que exprimen a los trabajadores y les sacan todo lo que pueden de ganancias. Esto se hace con injusticias porque al trabajador no le pagan cabal lo que es su trabajo, sino que apenas le dan un salario para que coma un poco y se descanse un tantito, y al otro día vuelta a trabajar en el explotadero, que sea en el campo o en la ciudad.

Y también el capitalismo hace su riqueza con despojo, o sea con robo, porque les quita a otros lo que ambiciona, por ejemplo tierras y riquezas naturales. O sea que el capitalismo es un sistema donde los robadores están libres y son admirados y puestos como ejemplo.

Y, además de explotar y despojar, el capitalismo reprime porque encarcela y mata a los que se rebelan contra la injusticia.

Al capitalismo lo que más le interesa son las mercancías, porque cuando se compran y se venden dan ganancias. Y entonces el capitalismo todo lo convierte en mercancías, hace mercancías a las personas, a la naturaleza, a la cultura, a la historia, a la conciencia. Según el capitalismo, todo se tiene que poder comprar y vender. Y todo lo esconde detrás de las mercancías para que no veamos la explotación que hace. Y entonces las mercancías se compran y se venden en un mercado.

that barely allows them to eat a little and rest for a bit; the next day they go back to work in exploitation, whether in the countryside or in the city.

Capitalism also makes its wealth from plunder, or theft, because the wealthy take what they want from others, land, for example, and natural resources. Capitalism is a system where the robbers go free, and are actually admired and held up as examples.

In addition to exploiting and plundering, capitalism represses because it imprisons and kills those who rebel against injustice.

Capitalism is most interested in commodities, because when goods are bought or sold, profits are made. And so capitalism turns everything into merchandise; it makes merchandise of people, of nature, of culture, of history, of conscience. According to capitalism, everything must be able to be bought and sold. It hides behind the merchandise, so we don't see the exploitation that exists. The merchandise is bought and sold in a market, and the market, in addition to being used for buying and selling, is also used to hide the exploitation of the workers. In the market, for example, we see coffee in its little package or its pretty little jar, but we do not see the campesino who suffered in order to harvest the coffee, and we do not see the *coyote*[15] who paid him so cheaply for his work, nor do we see the workers in the large company working their hearts out to package the coffee. Or we see a device for listening to music like *cumbias*, *rancheras* or *corridos*,[16] or

Y resulta que el mercado, además de servir para comprar y vender, también sirve para esconder la explotación de los trabajadores. Por ejemplo, en el mercado vemos el café ya empaquetado, en su bolsita o frasco muy bonitillo, pero no vemos al campesino que sufrió para cosechar el café, y no vemos al coyote que le pagó muy barato su trabajo, y no vemos a los trabajadores en la gran empresa dale y dale para empaquetar el café. O vemos un aparato para escuchar música como cumbias, rancheras o corridos o según cada quien, y lo vemos que está muy bueno porque tiene buen sonido, pero no vemos a la obrera de la maquiladora que batalló muchas horas para pegar los cables y las partes del aparato, y apenas le pagaron una miseria de dinero, y ella vive retirada del trabajo y gasta un buen en el pasaje, y además corre peligro que la secuestran, la violan y la matan como pasa en Ciudad Juárez, en México.

O sea que en el mercado vemos mercancías, pero no vemos la explotación con las que se hicieron. Y entonces el capitalismo necesita muchos mercados… o un mercado muy grande, un mercado mundial.

Y entonces resulta que el capitalismo de ahora no es igual que antes, que están los ricos contentos explotando a los trabajadores en sus países, sino que ahora está en un paso que se llama Globalización Neoliberal. Esta globalización quiere decir que ya no sólo en un país dominan a los trabajadores o en varios, sino que los capitalistas tratan de dominar todo en todo el mundo. Y

whatever, and that is very good because it has good sound, but we do not see the worker in the maquiladora who struggled for many hours, putting the the device together, while she is barely paid a pittance, lives far away from work, and spends a lot on the commute. In addition, she often runs the risk of being kidnapped, raped, and killed, as is happening to the women in Ciudad Juárez in Mexico.[17]

We see merchandise in the market, but we do not see the exploitation with which it was made. And capitalism needs many markets, or a very large market: a world market.

Capitalism today is not the same as before, when the rich were content to exploit the workers in their own countries. Now it is on a path called Neoliberal Globalization. This globalization means that capitalists no longer control the workers in one or several countries; now they are trying to dominate everything all over the world.

Neoliberalism is the idea that capitalism is free to dominate the entire world, and so, tough, you have to resign yourself, conform, and not make a fuss—in other words, not rebel. So neoliberalism is like the theory, the plan, of capitalist globalization. Neoliberalism has its economic, political, military and cultural plans. All of those plans have to do with dominating everyone, and they repress or isolate anyone who doesn't obey so that his rebellious ideas aren't passed on to others.

entonces al mundo, o sea al planeta Tierra, también se le dice que es el "globo terráqueo" y por eso se dice "globalización" o sea todo el mundo.

Y el neoliberalismo pues es la idea de que el capitalismo está libre para dominar todo el mundo y ni modos, pues hay que resignarse y conformarse y no hacer bulla, o sea no rebelarse. O sea que el neoliberalismo es como la teoría, el plan pues, de la globalización capitalista. Y el neoliberalismo tiene sus planes económicos, políticos, militares y culturales. En todos esos planes de lo que se trata es de dominar a todos, y el que no obedece pues lo reprimen o lo apartan para que no pase sus ideas de rebelión a otros.

Entonces, en la globalización neoliberal, los grandes capitalistas que viven en los países que son poderosos, como Estados Unidos, quieren que todo el mundo se hace como una gran empresa donde se producen mercancías y como un gran mercado. Un mercado mundial, un mercado para comprar y vender todo lo del mundo y para esconder toda la explotación de todo el mundo. Entonces los capitalistas globalizados se meten a todos lados, o sea a todos los países, para hacer sus grandes negocios, o sea sus grandes explotaciones. Y entonces no respetan nada y se meten como quiera. O sea que como que hacen una conquista de otros países. Por eso los zapatistas decimos que la globalización neoliberal es una guerra de conquista de todo el mundo, una guerra mundial, una guerra que hace el capitalismo

In neoliberal globalization, the great capitalists who live in powerful countries like the United States want the entire world to be made into a big business—a global market—for buying and selling the entire world while hiding the exploitation from the world. The global capitalists insert themselves everywhere, in all countries, in order to pursue their big business, their great exploitation. They respect nothing, and they meddle wherever they wish, as if they were conquering other countries. That is why we Zapatistas say that neoliberal globalization is a war of conquest of the entire world, *a world war*, a war being waged by capitalism for global domination. Sometimes that conquest is by armies who invade a country and conquer it by force. But sometimes it is by way of the economy, in other words, the big capitalists put their money into another country or they lend it money, but on the condition that what they tell them to do is obeyed. They also spread their ideas and their capitalist culture, which is the culture of merchandise, of profits, of the market.

Capitalism does as it wants, it destroys and changes what it does not like and eliminates whatever gets in its way. For example, those who do not produce, buy, or sell modern merchandise get in their way, and so do those who rebel against their order. They despise those who are of no use to them. That is why the indigenous get in the way of neoliberal capitalism, why capitalists despise them and want to eliminate them. Neoliberal

para dominar mundialmente. Y entonces esa conquista a veces es con ejércitos que invaden un país y a la fuerza lo conquistan. Pero a veces es con la economía, o sea que los grandes capitalistas meten su dinero en otro país o le prestan dinero, pero con la condición de que obedezca lo que ellos dicen. Y también se meten con sus ideas, o sea con la cultura capitalista que es la cultura de la mercancía, de la ganancia, del mercado.

Entonces el que hace la conquista, el capitalismo, hace como quiere, o sea que destruye y cambia lo que no le gusta y elimina lo que le estorba. Por ejemplo le estorban los que no producen ni compran ni venden las mercancías de la modernidad, o los que se rebelan a ese orden. Y a esos que no le sirven, pues los desprecia. Por eso los indígenas estorban a la globalización neoliberal y por eso los desprecian y los quieren eliminar. Y el capitalismo neoliberal también quita las leyes que no lo dejan hacer muchas explotaciones y tener muchas ganancias. Por ejemplo imponen que todo se pueda comprar y vender, y como el capitalismo tiene el dinero, pues lo compra todo. Entonces como que el capitalismo destruye a los países que conquista con la globalización neoliberal, pero también como que quiere volver a acomodar todo o hacerlo de nuevo pero a su modo, o sea de modo que lo beneficie y sin lo que le estorba. Entonces la globalización neoliberal, o sea la capitalista, destruye lo que hay en esos países, destruye su cultura, su idioma, su sistema económico, su sistema político, y

capitalists also get rid of the laws which do not allow them to exploit and make a huge profit. They demand that everything can be bought and sold, and, since capitalism has all the money, it buys everything. Capitalism destroys the countries it conquers with neoliberal globalization, but it also wants to adapt everything, to make it over again, but in its own way, a way that benefits capitalism and doesn't allow anything to get in its way. Neoliberal globalization destroys what exists in these countries, their culture, their language, their economic system, and their political system. It also destroys the ways in which the people who live in those countries relate to each other. Everything that makes a country a country is left destroyed.

Neoliberal globalization wants to destroy the nations of the world so that only one country remains, the country of money, of capital. Capitalism wants everything its own way; it doesn't like things that are different, so it persecutes and attacks them, or puts them off in a corner and acts like they don't exist.

In short, the capitalism of global neoliberalism is based on exploitation, plunder, contempt, and repression of those who refuse. The same system as before, but now globalized, worldwide.

But it is not so easy for neoliberal globalization, because the exploited of each country become discontent. They do not say, oh *well, too bad*; instead they rebel. Those who remain and are in the way resist, and they

también destruye los modos en que se relacionan los que viven en ese país. O sea que queda destruido todo lo que hace que un país sea un país.

Entonces la globalización neoliberal quiere destruir a las Naciones del mundo y que sólo queda una sola Nación o país, o sea el país del dinero, del capital. Y el capitalismo quiere entonces que todo sea como él quiere, o sea según su modo, y lo que es diferente pues no le gusta, y lo persigue, y lo ataca, o lo aparta en un rincón y hace como que no existe.

Entonces, como quien dice que resumiendo, el capitalismo de la globalización neoliberal se basa en la explotación, el despojo, el desprecio y la represión a los que no se dejan. O sea igual que antes, pero ahora globalizado, mundial.

Pero no es tan fácil para la globalización neoliberal, porque los explotados de cada país pues no se conforman y no dicen que ya ni modo, sino que se rebelan; y los que sobran y estorban pues se resisten y no se dejan ser eliminados. Y entonces por eso vemos que en todo el mundo los que están jodidos se hacen resistencias para no dejarse, o sea que se rebelan, y no sólo en un país sino que donde quiera abundan, o sea que, así como hay una globalización neoliberal, hay una globalización de la rebeldía.

Y en esta globalización de la rebeldía no sólo aparecen los trabajadores del campo y de la ciudad, sino que también aparecen otros y otras que mucho los

don't allow themselves to be eliminated. That is why we see, all over the world, those who are being screwed-over not putting up with it; in other words, they rebel, and not just in one country but wherever they abound. As there is a neoliberal globalization, so there is a globalization of rebellion.

Not just the workers of the countryside and of the city appear in this globalization of rebellion. Others also appear who are much persecuted and despised for the same reason, for not letting themselves be dominated, like women, young people, the indigenous, homosexuals, lesbians, transsexual persons, migrants and many other groups who exist all over the world but who remain unseen until they shout *ya basta*, enough of being despised. Then they rise up, and we see them, we hear them, and we learn from them.

Then we see that all those groups of people who are fighting against neoliberalism, against the capitalist globalization plan, are struggling for humanity.

We are astonished when we see the stupidity of neoliberals who want to destroy all humanity with wars and exploitation, but it also makes us happy to see resistance and rebellions such as ours appearing everywhere. We see this all over the world, and now our hearts learn that we are not alone.

persiguen y desprecian por lo mismo de que no se dejan dominar, como son las mujeres, los jóvenes, los indígenas, los homosexuales, lesbianas, transexuales, los migrantes, y muchos otros grupos que de por sí hay en todo el mundo pero que no vemos hasta que gritan que ya basta de que los desprecien, y se levantan, y pues ya los vemos, y los oímos, y los aprendemos.

Y entonces nosotros vemos que todos esos grupos de gente están luchando contra el neoliberalismo, o sea contra el plan de la globalización capitalista, y están luchando por la humanidad.

Y todo esto que vemos nos produce gran asombro por ver la estupidez de los neoliberalistas que quieren destruir toda la humanidad con sus guerras y explotaciones, pero también nos produce gran contento ver que donde quiera salen resistencias y rebeldías, así como la nuestra que es un poco pequeña pero aquí estamos. Y vemos todo esto en todo el mundo y ya nuestro corazón aprende que no estamos solos.

DE CÓMO VEMOS A NUESTRO PAÍS QUE ES MÉXICO

Ahora les platicamos cómo vemos lo que está pasando en nuestro México. Bueno, pues lo que vemos es que nuestro país está gobernado por los neoliberalistas. O sea que, como ya explicamos, los gobernantes que

tenemos están destruyendo lo que es nuestra Nación, nuestra Patria mexicana. Y su trabajo de estos malos gobernantes no es mirar por el bienestar del pueblo, sino que sólo están pendientes del bienestar de los capitalistas. Por ejemplo, hacen leyes como las del Tratado de Libre Comercio, que pasan a dejar en la miseria a muchos mexicanos, tanto campesinos y pequeños productores, porque son "comidos" por las grandes empresas agroindustriales; tanto como los obreros y pequeños empresarios porque no pueden competir con las grandes trasnacionales que se meten sin que nadie les diga nada y hasta les dan gracias, y ponen sus bajos salarios y sus altos precios. O sea que, como quien dice, algunas de las bases económicas de nuestro México, que eran el campo y la industria y el comercio nacionales, están bien destruidas y apenas quedan unos pocos escombros que seguro también van a vender.

Y éstas son grandes desgracias para nuestra Patria. Porque pues en el campo ya no se producen los alimentos, sino sólo lo que venden los grandes capitalistas, y las buenas tierras son robadas con mañas y con el apoyo de los políticos. O sea que en el campo está pasando igual que cuando el Porfirismo, nomás que, en lugar de hacendados, ahora son unas empresas extranjeras las que tienen al campesino bien jodido. Y donde antes había créditos y precios de protección, ahora sólo hay limosnas,… y a veces ni eso.

HOW WE SEE OUR COUNTRY, MEXICO

What we see going on in our Mexico is our country being governed by neoliberals. As we already explained, our leaders are destroying our nation, our Mexican Patria.[18] These bad leaders don't look after the well-being of the people; instead they are only concerned with the well-being of the capitalists. For example, they make laws like the North American Free Trade Agreement, which end up leaving many Mexicans destitute—such as campesinos and small producers— because they are "gobbled up" by the big agro-industrial companies. Workers and small businesspeople cannot compete with the large transnationals who come in without anybody saying anything to them, even thanking them, and set their salaries low and their prices high. So much of the economic foundation of our Mexico, which includes the countryside, industry, national commerce, is being destroyed, and only a bit of rubble—which will certainly be sold off too—remains.

These are great disgraces for our Patria. Food is no longer being produced in our countryside, just what the big capitalists sell, and the good land is being stolen through trickery and with the help of the politicians. What is happening in the countryside is the same as *Porfirismo*,[19] but, instead of *hacendados*,[20] now there are a few foreign businesses which have truly screwed the campesino. Where before there were credits and price

En su lado del trabajador de la ciudad pues las fábricas cierran y se quedan sin trabajo, o se abren las que se llaman maquiladoras, que son del extranjero y que pagan una miseria por muchas horas de trabajo. Y entonces no importa el precio de los productos que necesita el pueblo porque, aunque está caro o barato, pues no hay la paga. Y si alguien se trabajaba en una pequeña o mediana empresa, pues ya no, porque se cerró y la compró una gran trasnacional. Y si alguien tenía un pequeño negocio, pues también se desapareció o se puso a trabajar clandestinamente para las grandes empresas que los explotan una barbaridad, y hasta ponen a trabajar a los niños y niñas. Y si el trabajador estaba en un sindicato para demandar sus derechos legalmente, pues no, que ahora el mismo sindicato le dice que hay que apechugar que bajan el salario o la jornada de trabajo o quitan prestaciones, porque si no pues la empresa cierra y se va para otro país. Y luego pues está eso del "microchangarro," que es como el programa económico del gobierno para que todos los trabajadores de la ciudad se pongan a vender chicles o tarjetas de teléfono en las esquinas. O sea que pura destrucción económica también en las ciudades.

Y entonces lo que pasa es que, como la economía del pueblo está bien jodida tanto en el campo como en la ciudad, pues muchos mexicanos y mexicanas tienen que dejar su Patria, o sea la tierra mexicana, e irse a buscar trabajo en otro país que es Estados Unidos y ahí no los

protections is, now there is just charity—and sometimes not even that.

As for the worker in the city, the factories close, and they are left without work, or capitalists open what are called *maquiladoras*, which are foreign and which pay a pittance for many hours of work. Then the price of the goods people need, whether they are expensive or cheap, doesn't matter, since there is no money. If someone was working in a small or midsize business, now they are not, because it was closed, or it was bought by a big transnational. If someone had a small business, it disappeared as well, or the owners went to work clandestinely for big businesses which exploit workers terribly, and which even put boys and girls to work. If the workers belonged to a union in order to demand their legal rights, now the same union tells them they will have to put up with his salary being lowered or their hours or benefits being taken away, because, if not, the business will close and move to another country. Then there is the "*microchangarro*,"[21] which is the government's economic program for putting all the city's workers on street corners selling gum or telephone cards. In other words, absolute economic destruction in the cities as well.

With the people's economy being totally screwed in the countryside as well as in the city, many Mexican men and women have to leave their Patria, Mexican lands, and seek work in another country, the United States. And they are not treated well there. Instead they are

tratan bien, sino que los explotan, los persiguen y los desprecian y hasta los matan.

Entonces en el neoliberalismo que nos imponen los malos gobiernos pues no ha mejorado la economía, al contrario, el campo está muy necesitado y en las ciudades no hay trabajo. Y lo que está pasando es que México se está convirtiendo nomás en donde nacen y un rato, y otro rato se mueren, los que trabajan para la riqueza de los extranjeros principalmente de los gringos ricos. Por eso decimos que México está dominado por Estados Unidos.

Bueno, pero no sólo pasa esto, sino que también el neoliberalismo cambió a la clase política de México, o sea a los políticos, porque los hizo como que son empleados de una tienda, que tienen que hacer todo lo posible por vender todo y bien barato. Ya ven que cambiaron las leyes para quitar el artículo 27 de la Constitución y se pudieran vender las tierras ejidales y comunales. Eso fue el Salinas de Gortari, y él y sus bandas dijeron que es por bien del campo y del campesino, y que así va a prosperar y a vivir mejor. ¿Acaso ha sido así? El campo mexicano está peor que nunca y los campesinos más jodidos que cuando Porfirio Díaz. Y también dijeron que van a privatizar, o sea a vender a los extranjeros, las empresas que tenía el Estado para apoyar el bienestar del pueblo. Que porque no funcionan bien y les falta modernizarse, y que mejor venderlas. Pero, en lugar de mejorar, los derechos sociales que se conquistaron en la

exploited, persecuted, treated with contempt, and even murdered. Under neoliberalism the economy has not improved. Quite the opposite: the countryside is in dire need, and there is no work in the cities. Mexico is being turned into a place where people are working for the wealth of foreigners, mostly rich gringos, a place you are just born into for a little while, and where in another little while you die. That is why we say that Mexico is dominated by the United States.

Neoliberalism has also changed the Mexican political class, the politicians, because it made them into something like employees in a store, who have to do everything possible to sell everything and to sell it very cheap. You have already seen that they changed the laws in order to remove Article 27 from the Constitution, so that ejidal and communal lands could be sold.[22] Salinas de Gortari and his gangs said it was for the good of the countryside and the campesino, that they would prosper and live better. Has it been like that? The Mexican countryside is worse than ever and the campesinos more screwed than under Porfirio Diaz.[23] They also say they are going to privatize—sell to foreigners—the companies held by the State to help the well-being of the people, because the companies don't work well and need to be modernized. But, instead of improving, the state of the rights which were won for the people in the revolution of 1910 now makes one sad—and angry. They also said the borders must be opened so foreign capital

revolución de 1910 son ahora como para dar lástima...
y coraje. Y también dijeron que hay que abrir las
fronteras para que entre todo el capital extranjero, que
así se van a apurar los empresarios mexicanos y a hacer
mejor las cosas. Pero ahora vemos que ya ni hay
empresas nacionales, todo se lo comieron los
extranjeros, y lo que venden está peor que lo que se
hacía en México.

Y bueno, pues ahora también los políticos mexicanos
quieren vender PEMEX o sea el petróleo que es de los
mexicanos, y la única diferencia es que unos dicen que
se vende todo y otros dicen que sólo se vende una parte.
Y también quieren privatizar el seguro social, y la
electricidad, y el agua, y los bosques, y todo, hasta que
no quede nada de México y nuestro país sólo sea como
un terreno baldío o un lugar para su diversión de los
ricos de todo el mundo, y los mexicanos y mexicanas
estemos como sus sirvientes, pendientes de qué se les
ofrece, malviviendo, sin raíces, sin cultura, sin Patria
pues.

O sea que los neoliberalistas quieren matar a México,
a nuestra patria mexicana. Y los partidos políticos
electorales no nada más no defienden, sino que primero
que nadie son los que se ponen al servicio de los
extranjeros, principalmente de los de Estados Unidos, y
son los que se encargan de engañarnos, haciéndonos que
miramos para otro lado mientras venden todo y se
quedan ellos con la paga. Todos los partidos políticos

can enter to fix all the Mexican businesses. But now we see that there aren't any national businesses; foreigners gobbled them all up, and the things that are sold are inferior to those that were made in Mexico.

Mexican politicians now also want to sell PEMEX, the oil which belongs to all Mexicans, and the only disagreement is that some say everything should be sold and others that only a part of it should be sold. They also want to privatize social security, and electricity and water and the forests and everything, until nothing of Mexico is left, and our country will be a wasteland or a place of entertainment for rich people from all over the world, and we Mexican men and women as their servants, dependent on what they offer: bad housing, without roots, without culture, without even a Patria.

The neoliberals want to kill Mexico, our Mexican Patria. And the political parties—all the political parties, not just some of them—not only do not defend it, but are the first to put themselves at the service of foreigners, especially those from the United States. They are the ones who are in charge of deceiving us, making us look the other way while everything is sold, and they are left with the money. Think about whether anything has been done well, and you will see that, no, nothing but theft and scams. Look how all the politicians always have nice houses and nice cars and luxuries. Yet they still want us to thank them and to vote for them again. It's obvious that they are without

electorales que hay ahorita, no nomás unos. Piensen ustedes si algo han hecho bien y verán que no, que puras robaderas y transas. Y vean como los políticos electorales siempre tienen sus buenas casas y sus buenos carros y sus lujos. Y todavía quieren que les damos las gracias y que otra vuelta votamos por ellos. Y es que de plano, como luego dicen, no tienen madre. Y no la tienen porque de por sí no tienen Patria, sólo tienen cuentas bancarias.

Y también vemos que crece mucho el narcotráfico y los crímenes. Y a veces pensamos que los criminales son como los presentan en los corridos o las películas, y tal vez algunos son así, pero no son los meros jefes. Los meros jefes andan bien vestidos, tienen estudios en el extranjero, son elegantes, no se andan escondiendo sino que comen en buenos restaurantes y salen en los periódicos muy bonitos y bien vestidos en sus fiestas, o sea que, como luego se dice, son "gente bien", y algunos hasta son gobernantes, diputados, senadores, secretarios de estado, empresarios prósperos, jefes de policía, generales.

¿Estamos diciendo que la política no sirve? No, lo que queremos decir es que ESA política no sirve. Y no sirve porque no toma en cuenta al pueblo, no lo escucha, no le hace caso, nomás se le acerca cuando hay elecciones, y ya ni siquiera quieren votos, ya basta con las encuestas para decir quien gana. Y entonces pues puras promesas de que van a hacer esto y van a hacer lo otro, y ya luego, pues anda-vete y no los vuelves a ver,

shame. They do not, in fact, have a Patria; they only have bank accounts.

We also see that drug trafficking and crime has been increasing a lot. Sometimes we think that criminals are like the ones in movies or songs, and maybe some are, but not the real *capos*.[24] The real capos go around very well dressed. They study outside the country. They look elegant. They are not in hiding. They eat in good restaurants and they appear in the papers, very attractive and well-dressed at their parties. They are, as they say, "good people," and some are even officials, deputies, senators, secretaries of state, prosperous businessmen, police chiefs, generals.

Are we saying that politics serves no purpose? No, what we mean is that *that* politics serves no purpose. It is useless because it does not take the people into account. It does not listen or pay any attention to them; it only approaches them when there are elections. They don't even want votes anymore; the polls are enough to say who wins. There are promises about what this one is going to do and what the other one is going to do, and then it's bye, see you later, but you don't see them again, except when they appear in the news when they've just stolen a lot of money and nothing is going to be done to them because the law—which those same politicians made—protects them.

That's another problem: the Mexican Constitution is now completely warped and changed. It's no longer the

mas que cuando sale en las noticias que ya se robaron mucho dinero y no les van a hacer nada porque la ley, que esos mismos políticos hicieron, los protege.

Porque ése es otro problema, y es que la Constitución ya está toda manoseada y cambiada. Ya no es la que tenía los derechos y las libertades del pueblo trabajador, sino que ahora están los derechos y las libertades de los neoliberalistas para tener sus grandes ganancias. Y los jueces están para servir a esos neoliberalistas, porque siempre dan su palabra a favor de ellos, y a los que no son ricos pues les tocan las injusticias, las cárceles, los cementerios.

Bueno, pues aún con todo este desbarajuste que están haciendo los neoliberalistas, hay mexicanos y mexicanas que se organizan y hacen lucha de resistencia.

Y así nos enteramos que hay indígenas, que sus tierras están retiradas de aquí de Chiapas, y que hacen su autonomía y defienden su cultura y cuidan la tierra, los bosques, el agua.

Y hay trabajadores del campo, o sea campesinos, que se organizan y hacen sus marchas y movilizaciones para exigir créditos y apoyos al campo.

Y hay trabajadores de la ciudad que no se dejan que les quiten sus derechos o que privaticen sus trabajos, sino que protestan y se manifiestan para que no les quiten lo poco que tienen y para que no le quiten al país lo que es suyo de por sí, como la electricidad, el petróleo, la seguridad social, la educación.

one that guarded the rights and liberties of working people. Now it protects the rights and liberties of the neoliberals so they can have their huge profits. The judges exist to serve the neoliberals, always ruling in favor of them, and those who are not rich get injustice, jails, and cemeteries.

Well, even with all this mess the neoliberals are making, there are Mexican men and women who are organizing and making a resistance struggle.

We found out that there are other indigenous people—their lands far away from us here in Chiapas—and they are establishing their autonomy, defending their culture, and caring for their land, forests, and water.

There are workers in the countryside, campesinos, who are organizing and holding marches and mobilizations in order to demand credits and aid for the countryside.

There are workers in the city who won't let their rights be taken away or their jobs privatized. They protest and demonstrate so that the little they have isn't taken away and so they don't lose what, in fact, belongs to the country, like electricity, oil, social security, education.

There are students who won't let education be privatized, who are fighting for it to be free, popular, and scientific, so everyone can learn, and so they won't learn stupid things in schools.

There are women who won't let themselves be treated as ornaments or be humiliated and despised just

Y hay estudiantes que no dejan que se privatice la educación y luchan porque sea gratuita y popular y científica, o sea que no cobren, que toda la gente pueda aprender, y que en las escuelas no enseñen tarugadas.

Y hay mujeres que no dejan que las traten como adorno o que las humillen y desprecien nomás por ser mujeres, sino que se organizan y luchan por el respeto que merecen como mujeres que son.

Y hay jóvenes que no aceptan que los embrutecen con las drogas o que los persiguen por sus modos de ser, sino que se hacen conscientes con su música y su cultura, su rebeldía pues.

Y hay homosexuales, lesbianas, transexuales y muchos modos, que no se conforman con que los burlan, y los desprecian, y los maltratan, y hasta los matan porque tienen otro modo que es diferente, y los tratan de anormales o delincuentes, sino que hacen sus organizaciones para defender su derecho a la diferencia.

Y hay sacerdotes y monjas y los que se llaman seglares, que no están con los ricos ni resignados en la rezadera, sino que se organizan para acompañar las luchas del pueblo.

Y hay los que se llaman luchadores sociales, que son hombres y mujeres que toda su vida se la han pasado luchando por el pueblo explotado, y son los mismos que participaron en las grandes huelgas y acciones obreras, en las grandes movilizaciones ciudadanas, en los grandes movimientos campesinos, y que sufrieron las grandes

SIXTH DECLARATION OF THE LACANDON JUNGLE ~ 119

for being women, who are organizing and fighting for the respect they deserve.

There are young people who won't accept being stultified by drugs or being persecuted for their way of being, instead they make themselves aware through their music, their culture, their rebellion.

There are homosexuals, lesbians, transsexuals who won't put up with being ridiculed, despised, mistreated, and even killed for having another way which is different, with being treated like they are abnormal or criminals, but who make their own organizations in order to defend their right to be different.

There are priests, nuns, and laypeople who are not with the rich and who are not resigned, but who are organizing to accompany the struggles of the people.

There are social activists, men and women who have been fighting all their lives for exploited people, and they are the same ones who participated in the great strikes and workers' actions, in the great citizens' mobilizations, in the great campesino movements, and who suffer great repression. Even though some are old now, they continue on without surrendering, and go everywhere, looking for the struggle, seeking justice, and making leftist organizations, non-governmental organizations, human rights organizations, organizations in defense of political prisoners and for the disappeared, leftist publications, organizations of teachers or students, social struggle, and even political-military

represiones, y como quiera, aunque algunos ya tienen edad, siguen sin rendirse, y ahí andan de un lado a otro buscando la lucha, buscando la organización, buscando la justicia, y se hacen organizaciones de izquierda, organizaciones no gubernamentales, organizaciones de derechos humanos, organizaciones de defensa de presos políticos y de aparición de los desaparecidos, publicaciones de izquierda, organizaciones de maestros o estudiantes, o sea lucha social, y hasta organizaciones político-militares, y nomás no se están quietos y mucho saben porque mucho han visto y oído y vivido y luchado.

Y así en general, nosotros vemos que en nuestro país, que se llama México, hay mucha gente que no se deja, que no se rinde, que no se vende. O sea que es digna. Y eso nos da mucho contento y alegría porque con toda esa gente pues no tan fácil van a ganar los neoliberalistas y tal vez si se logra salvar a nuestra Patria de los grandes robos y destrucción que le hacen. Y pensamos que ojalá nuestro "nosotros" incluyera todas esas rebeldías…

DE LO QUE QUEREMOS HACER

Bueno, pues ahora les vamos a decir lo que queremos hacer en el mundo y en México, porque no podemos ver todo lo que pasa en nuestro planeta y quedarnos nomás callados, como si sólo nosotros estamos donde estamos.

organizations. They are not quiet and they know a lot because they have seen a lot and lived and struggled.

And so we see in general that in our country, which is called Mexico, there are many people who do not put up with things, who do not surrender, who do not sell out: people who are dignified. And that makes us very pleased and happy, because with all those people it's not going to be so easy for the neoliberals to win, and perhaps it will be possible to save our Patria from the their great theft and destruction. We think that perhaps our "we" will include all those rebellions....

WHAT WE WANT TO DO

We are now going to tell you what we want to do in the world and in Mexico, because we cannot watch everything that is happening on our planet and just remain quiet, as if only we are where we are.

What we want to tell all you who are resisting and fighting in your own ways and in your own countries is that *you are not alone*—that we, the Zapatistas, even though we are very small, are supporting you, and we are going to look at how to help you in your struggles and to speak to you in order to learn—because what we have learned, in fact, is to learn. And we want to tell the Latin American peoples that we are proud to be a part of you, even if it is a small part. We remember quite well how

Pues en el mundo lo que queremos es decirle a todos los que resisten y luchan con sus modos y en sus países, que no están solos, que nosotros los zapatistas, aunque somos muy pequeños, los apoyamos y vamos a ver el modo de ayudarlos en sus luchas y de hablar con ustedes para aprender, porque de por sí lo que hemos aprendido es a aprender.

Y queremos decirle a los pueblos latinoamericanos que es para nosotros un orgullo ser una parte de ustedes, aunque sea pequeña. Que bien que nos acordamos cuando hace años también se iluminaba el continente y una luz se llamaba Che Guevara, como antes se llamó Bolívar, porque a veces los pueblos agarran un nombre para decir que agarran una bandera.

Y queremos decirle al pueblo de Cuba, que ya lleva muchos años resistiendo en su camino, que no está solo y que no estamos de acuerdo con el bloqueo que les hacen y que vamos a ver el modo de mandarles algo, aunque sea maíz, para su resistencia. Y queremos decirle al pueblo norteamericano, que nosotros no revolvemos y sabemos que una cosa son los malos gobiernos que tienen y que pasan a perjudicar a todo el mundo, y otra muy diferente los norteamericanos que luchan en su país y se solidarizan con las luchas de otros pueblos. Y queremos decirle a los hermanos y hermanas Mapuche, en Chile, que vemos y aprendemos de sus luchas. Y a los venezolanos que bien que miramos cómo defienden su soberanía o sea el derecho de su Nación a decidir para dónde va. Y a los

the continent was illuminated some years ago by a light called Che Guevara, as it had previously been called Bolivar, because sometimes the people take up a name in order to say they are taking up a flag.

We want to tell the people of Cuba, who have now been on the path of resistance for many years, that you are not alone. We do not agree with the embargo the United States is imposing, and we are going to figure out how to send you something, even if it is *maiz*,[25] for your resistance. We want to tell the North American people that we know that the bad governments which you have and which spread harm throughout the world is one thing—and those North Americans who struggle in their country, and who are in solidarity with the struggles of other countries, are a very different thing. We want to tell the Mapuche brothers and sisters in Chile that we are watching and learning from your struggles. And to the Venezuelans, we see how well you are defending your sovereignty, your nation's right to decide where it is going. To the indigenous brothers and sisters of Ecuador and Bolivia, we say you are giving a good lesson in history to all of Latin America, because now you are indeed putting a halt to neoliberal globalization. To the *piqueteros*[26] and to the young people of Argentina, we want to tell you that we love you. To those in Uruguay who want a better country, we admire you. And to those who are *sin tierra*[27] in Brazil, that we respect you. And to all the young people of Latin Amer-

hermanos y hermanas indígenas del Ecuador y Bolivia les decimos que nos están dando una buena lección de historia a toda Latinoamérica porque ahora sí que le están poniendo un alto a la globalización neoliberal. Y a los piqueteros y a los jóvenes de Argentina les queremos decir eso, que los queremos. Y a los que en Uruguay se quieren un mejor país que los admiramos. Y a los que están sin tierra en Brasil que los respetamos. Y a todos los jóvenes de Latinoamérica que está bueno lo que están haciendo y que nos da una gran esperanza.

Y queremos decirles a los hermanos y hermanas de la Europa Social, o sea la que es digna y rebelde, que no están solos. Que nos alegran mucho sus grandes movimientos contra las guerras neoliberalistas. Que miramos con atención sus formas de organización y sus modos de luchar para que tal vez algo aprendemos. Que estamos viendo el modo de apoyarlos en sus luchas y que no les vamos a mandar euros porque luego se devalúan por lo del relajo de la Unión Europea, pero tal vez les vamos a mandar artesanías y café para que lo comercialicen y algo se ayudan en sus trabajos para la lucha. Y tal vez también les mandamos pozol que da mucha fuerza en la resistencia, pero quien sabe si les mandamos porque el pozol es más bien de nuestro modo y qué tal que les perjudica la panza y se debilitan sus luchas y los derrotan los neoliberalistas.

Y queremos decirles a los hermanos y hermanas de África, Asia y Oceanía que sabemos que también se

ica, that what you are doing is good, and you give us great hope.

And we want to tell the brothers and sisters of Social Europe, those who are dignified and rebel, that you are not alone. Your great movements against the neoliberal wars bring us joy. We are watching your forms of organization and your methods of struggle attentively so that we can perhaps learn something. We are considering how we can help you in your struggles, and we are not going to send euros because then they will be devalued due to the European Union mess. Perhaps we will send you crafts and coffee so you can market them, to help you a little in the tasks of your struggle. Perhaps we might also send you some *pozol*,[28] which gives much strength in the resistance, but who knows if we will send it to you, because *pozol* is more our way, and what if it were to hurt your bellies and weaken your struggles and the neoliberals defeat you?

We want to tell the brothers and sisters of Africa, Asia, and Oceania, that we know that you are fighting also, and we want to learn more of your ideas and practices.

We want to tell the world that we want to make it large, so large that all those worlds will fit, those worlds that are resisting because they want to destroy the neoliberals and because they simply cannot stop fighting for humanity.

What we want to do in Mexico is to make an agreement with people and organizations from the Left,

están luchando y que queremos conocer más de sus ideas y sus prácticas.

Y queremos decirle al mundo que lo queremos hacer grande, tan grande que quepan todos los mundos que resisten porque los quieren destruir los neoliberalistas y porque no se dejan así nomás sino que luchan por la humanidad.

Bueno, pues en México lo que queremos hacer es un acuerdo con personas y organizaciones mero de izquierda, porque pensamos que es en la izquierda política donde mero está la idea de resistirse contra la globalización neoliberal, y de hacer un país donde haya, para todos, justicia, democracia y libertad. No como ahorita que sólo hay justicia para los ricos, sólo hay libertad para sus grandes negocios y sólo hay democracia para pintar las bardas con propaganda electoral. Y porque nosotros pensamos que sólo de la izquierda puede salir un plan de lucha para que nuestra Patria, que es México, no se muera.

Y entonces, lo que pensamos es que, con estas personas y organizaciones de izquierda, hacemos un plan para ir a todas las partes de México donde hay gente humilde y sencilla como nosotros.

Y no es que vamos a decirles qué deben hacer o sea a darles orden.

Tampoco es que vamos a pedirles que voten por un candidato, que ya sabemos que los que hay son neoliberalistas.

because the idea of resisting neoliberal globalization, and of making a country with justice, democracy, and liberty for all, comes from the Left. Right now there is justice only for the rich, liberty only for big business, and democracy only for painting walls with election propaganda. We believe that it is only from the Left that a plan of struggle can emerge, so that our Patria, which is Mexico, does not die.

What we think is that, with these people and organizations of the Left, we can make a plan for going to all those parts of Mexico where there are humble and simple people like ourselves.

And we are not going to tell them what they should do or give them orders.

Nor are we going to ask them to vote for a candidate, since we already know that the ones who exist are neoliberals.

Nor are we going to tell them to be like us, nor to rise up in arms.

What we are going to do is to ask them what their lives and struggles are like, their struggle, what their thoughts about our country are, and what we should do so captialism does not defeat us.

What we are going to do is to take heed of the thoughts of the simple and humble people, and perhaps we will find there the same love which we feel for our Patria.

Perhaps we will find agreement between those of us who are simple and humble and, together, we will orga-

Tampoco es que les vamos a decir que hagan igual a nosotros, ni que se levanten en armas.

Lo que vamos a hacer es preguntarles cómo es su vida, su lucha, su pensamiento de cómo está nuestro país y de cómo hacemos para que no nos derroten.

Lo que vamos a hacer es tomar su pensamiento de la gente sencilla y humilde y tal vez encontramos en ella el mismo amor que sentimos nosotros por nuestra patria.

Y tal vez encontramos un acuerdo entre los que somos sencillos y humildes y, juntos, nos organizamos en todo el país y ponemos de acuerdo nuestras luchas que ahorita están solas, apartadas unas de otras, y encontramos algo así como un programa que tenga lo que queremos todos, y un plan de cómo vamos a conseguir que ese programa, que se llama "programa nacional de lucha," se cumpla.

Y entonces, según el acuerdo de la mayoría de esa gente que vamos a escuchar, pues hacemos una lucha con todos, con indígenas, obreros, campesinos, estudiantes, maestros, empleados, mujeres, niños, ancianos, hombres, y con todo aquel que tenga bueno su corazón y tenga la gana de luchar para que no se acabe de destruir y vender nuestra patria que se llama "México" y que viene quedando entre el río Bravo y el río Suchiate, y de un lado tiene el Océano Pacífico y del otro el Océano Atlántico.

nize all over the country and reach agreement in our struggles, which are alone right now, separated from each other. We will find something like a program that has what we all want, and a plan for how we are going to achieve the realization of that program, which is called the "national program of struggle."

With the agreement of the majority of those people to whom we are going to listen, we will then engage in a struggle with everyone, with indigenous, workers, campesinos, students, teachers, employees, women, children, old ones, men, with all of those of good heart who want to struggle so that our Patria called Mexico does not end up being destroyed and sold, and which still exists between the Rio Grande and the Rio Suchiate and which has the Pacific Ocean on one side and the Atlantic on the other.

HOW WE ARE GOING TO DO IT

This is our simple word that goes out to the humble and simple people of Mexico and of the world, and we are calling our word of today:

The Sixth Declaration of the Lacandon Jungle.

We are here to say, with our simple word, that...

The EZLN maintains its commitment to an offensive ceasefire, and it will not make any attack against government forces or any offensive military movements.

DE CÓMO LO VAMOSA HACER

Y entonces ésta es nuestra palabra sencilla que va dirigida a la gente humilde y simple de México y el mundo, y a ésta nuestra palabra de ahora la llamamos:

Sexta Declaración de la Selva Lacandona. Y aquí estamos para decir, con nuestra palabra sencilla, que…

El EZLN mantiene su compromiso de cese al fuego ofensivo y no hará ataque alguno contra fuerzas gubernamentales ni movimientos militares ofensivos.

El EZLN mantiene todavía su compromiso de insistir en la vía de la lucha política con esta iniciativa pacífica que ahora hacemos. Por lo tanto, el EZLN seguirá en su pensamiento de no hacer ningún tipo de relación secreta con organizaciones político-militares nacionales o de otros países.

El EZLN refrenda su compromiso de defender, apoyar y obedecer a las comunidades indígenas zapatistas que lo forman y son su mando supremo, y, sin interferir en sus procesos democráticos internos y en la medida de sus posibilidades, contribuir al fortalecimiento de su autonomía, buen gobierno y mejora de sus condiciones de vida. O sea que lo que vamos a hacer en México y el mundo, lo vamos a hacer sin armas, con un movimiento civil y pacífico, y sin descuidar ni dejar de apoyar a nuestras comunidades.

Por lo tanto…

The EZLN still maintains its commitment to the path of political struggle through this peaceful initiative which we are now undertaking. The EZLN continues, therefore, in its resolve to not establish any kind of secret relations with either national political-military organizations or those from other countries.

The EZLN reaffirms its commitment to defend, support, and obey the Zapatista indigenous communities of which it is composed, and which are its supreme command. Without interfering in their internal democratic processes, the EZLN will, to the best of its abilities, contribute to the strengthening of their autonomy, to good government, and to the improvement of their living conditions. In other words, what we are going to do in Mexico and in the world, we are going to do without arms, with a civil and peaceful movement, and without neglecting nor ceasing to support our communities.

Therefore…

In the world…

1. We will forge new relationships of mutual respect and support with people and organizations who are resisting and struggling against neoliberalism and for humanity.

2. As far as we are able, we will send material aid such as food and handicrafts for those brothers and sisters who are struggling all over the world.

En el mundo…

1. Haremos más relaciones de respeto y apoyos mutuos con personas y organizaciones que resisten y luchan contra el neoliberalismo y por la humanidad.

2. En la medida de nuestras posibilidades mandaremos apoyos materiales como alimentos y artesanías para los hermanos y hermanas que luchan en todo el mundo.

Para empezar, vamos a pedir prestado a la Junta de Buen Gobierno de La Realidad, el camión que se llama "Chompiras" y le caben parece que 8 toneladas, y lo vamos a llenar de maíz y tal vez dos tambos de 200 litros cada uno con gasolina o petróleo, según qué les conviene, y los vamos a entregar en la embajada de Cuba en México para que lo mandan en su pueblo cubano, como un apoyo de los zapatistas para su resistencia contra el bloqueo norteamericano. O tal vez hay un lugar más acá para entregar porque siempre está retirado hasta la Ciudad de México y qué tal que se descompone el "Chompiras" y vamos a quedar mal. Y eso pues hasta que sale la cosecha que ahorita está verdeando en la milpa y si no nos atacan, porque si mandamos en estos meses que vienen pues puro elote mandamos y no llega bien ni en tamales, mejor en noviembre o diciembre, según.

Y también vamos a hacer acuerdo con las cooperativas de mujeres de las artesanías para mandar un

In order to begin, we are going to ask the Good Government Junta of La Realidad to loan their truck, which is called "Chompiras," and which appears to hold eight tons, and we are going to fill it with *maize* and perhaps two 200-liter cans with oil or petrol, as they prefer, and we are going to deliver it to the Cuban Embassy in Mexico for them to send to the Cuban people as aid from the Zapatistas for their resistance against the North American blockade. Or perhaps there might be a place closer to here where it could be delivered, because it's always such a long distance to Mexico City, and what if "Chompiras" were to break down and we'd end up in bad shape. And that will happen when the harvest comes in, which is turning green right now in the fields, and if they don't attack us, because if we were to send it during these next few months, it would be nothing but corncobs, and they don't turn out well even in tamales, better in November or December, it depends.

We are also going to make an agreement with the women's crafts cooperatives in order to send a good number of *bordados*, embroidered pieces, to the European countries which are perhaps not yet part of the Union, and perhaps we'll also send some organic coffee from the Zapatista cooperatives, so that they can sell it and get a little money for their struggle. If it isn't sold, they can always have a little cup of coffee and talk about the anti-neoliberal struggle, and if it's a bit cold then they can cover themselves up with the Zapatista *borda-*

buen tanto de bordados a las Europas que tal vez ya no son Unión, y también tal vez mandamos café orgánico de las cooperativas zapatistas, para que lo vendan y saquen un poco de paga para su lucha. Y si no se vende pues siempre pueden echar un cafecito y platicar de la lucha antineoliberal, y si hace un poco de frío pues se tapan con los bordados zapatistas que sí resisten bien hasta los lavados a mano y piedra y, además, no despintan.

Y a los hermanos y hermanas indígenas de Bolivia y Ecuador también les vamos a mandar un poco de maíz no-transgénico, y nomás que no sabemos dónde mero entregar para que llegue cabal, pero sí estamos dispuestos para dar esta pequeña ayuda.

3. Y a todos y todas que resisten en todo el mundo les decimos que hay que hacer otros encuentros intercontinentales, aunque sea otro uno. Tal vez diciembre de este año o enero próximo, hay que pensar. No queremos decir mero cuándo, porque se trata de que hacemos acuerdo parejo en todo, de dónde, de cuándo, de cómo, de quién. Pero que no sea de templete donde unos pocos hablan y todos los demás escuchan, sino que sin templete, puro plano y todos hablan, pero en orden porque si no pues pura bulla y no se entiende la palabra, y con buena organización todos escuchan, y así apuntan en sus cuadernos las palabras de resistencia de otros para que luego cada quien lo platica a sus compañeros y compañeras en sus mundos. Y nosotros pensamos que sea

dos, which do indeed resist quite well being laundered by hand and by rocks. Besides, they don't run in the wash.

We are also going to send the indigenous brothers and sisters of Bolivia and Ecuador some non-genetically modified *maiz*, and we just don't know where to send them so they arrive complete, but we are indeed willing to give this little bit of aid.

3. To all of those resisting throughout the world, we say there must be other intercontinental encuentros held, even if only one other. Perhaps December of this year or next January, we'll have to think about it. We don't want to say just when, because this is about our agreeing equally on everything, on where, on when, on how, on who. But not with a stage where just a few speak and all the rest listen, but without a stage, just level and everyone speaking, but orderly, otherwise it will just be a hubbub and the words won't be understood; and with good organization everyone will hear and jot down in their notebooks the words of resistance from others, so then everyone can go and talk with their compañeros and compañeras in their worlds. And we think it might be in a place that has a very large jail, because what if they were to repress us and incarcerate us, and so that way we wouldn't be all piled up, prisoners, yes, but well organized, and there in the jail we could continue the intercontinental encuentros for humanity and against neoliberalism. Later on we'll tell you what we shall do in order to reach agreement as to how we're going to

en un lugar que tenga una cárcel muy grande, porque qué tal que nos reprimen y nos encarcelan, y para no estar todos amontonados sino que presos pero, eso sí, bien organizados, y ahí en la cárcel le seguimos el encuentro intercontinental por la humanidad y contra el neoliberalismo. Entonces ahí luego les decimos cómo hacemos para ponernos de acuerdo, en cómo nos vamos a poner de acuerdo. Bueno pues así es como pensamos hacer lo que queremos hacer en el mundo. Ahora sigue...

En México...

1. Vamos a seguir luchando por los pueblos indios de México, pero ya no sólo por ellos ni sólo con ellos, sino que por todos los explotados y desposeídos de México, con todos ellos y en todo el país. Y cuando decimos que todos los explotados de México también estamos hablando de los hermanos y hermanas que se han tenido que ir a Estados Unidos a buscar trabajo para poder sobrevivir.

2. Vamos a ir a escuchar y hablar directamente, sin intermediarios ni mediaciones, con la gente sencilla y humilde del pueblo mexicano y, según lo que vamos escuchando y aprendiendo, vamos a ir construyendo, junto con esa gente que es como nosotros, humilde y sencilla, un programa nacional de lucha, pero un programa que sea claramente de izquierda, o sea

come to agreement. Now that is how we're thinking of doing what we want to do in the world. Now follows...

In Mexico...

1. We are going to continue fighting for the Indian peoples of Mexico, but now not just for them and not with only them, but for all the exploited and dispossessed of Mexico, with all of them and all over the country. And when we say all the exploited of Mexico, we are also talking about the brothers and sisters who have had to go to the United States in search of work in order to survive.

2. We are going to go to listen to, and talk directly with, without intermediaries or mediation, the simple and humble of the Mexican people, and, according to what we hear and learn, we are going to go about building, along with those people who, like us, are humble and simple, a national program of struggle, but one which will be clearly from the Left: anti-capitalist, anti-neoliberal, and for justice, democracy and liberty for the Mexican people.

3. We are going to try to build, or rebuild, a different way of doing politics, one which again has the spirit of serving others, without material interests, with sacrifice, with dedication, with honesty, which keeps its word, whose only payment is the satisfaction of duty performed, like the militants from the Left did before, when they were not stopped by blows, jail or death, let alone by dollar bills.

anticapitalista, o sea antineoliberal, o sea por la justicia, la democracia y la libertad para el pueblo mexicano.

3. Vamos a tratar de construir o reconstruir otra forma de hacer política, una que otra vuelta tenga el espíritu de servir a los demás, sin intereses materiales, con sacrificio, con dedicación, con honestidad, que cumpla la palabra, que la única paga sea la satisfacción del deber cumplido, o sea como antes hacían los militantes de izquierda que no paraban ni con golpes, cárcel o muerte, mucho menos con billetes de dólar.

4. También vamos a ir viendo de levantar una lucha para demandar que hacemos una nueva Constitución o sea nuevas leyes que tomen en cuenta las demandas del pueblo mexicano como son: techo, tierra, trabajo, alimento, salud, educación, información, cultura, independencia, democracia, justicia, libertad y paz. Una nueva Constitución que reconozca los derechos y libertades del pueblo, y defienda al débil frente al poderoso.

Para esto...

El EZLN enviará una delegación de su dirección para hacer este trabajo en todo el territorio nacional y por tiempo indefinido. Esta delegación zapatista, junto con las organizaciones y personas de izquierda que se sumen a esta Sexta Declaración de la Selva Lacandona, irá a los lugares a donde nos inviten expresamente.

4. We are also going to go about organizing a struggle in order to demand that we make a new Constitution, new laws which take into account the demands of the Mexican people, which are: housing, land, work, food, health, education, information, culture, independence, democracy, justice, liberty, and peace. A new Constitution that recognizes the rights and liberties of the people, and which defends the weak in the face of the powerful.

To these ends...

The EZLN will send a delegation of its leadership in order to do this work throughout the national territory, and for an indefinite period of time. This Zapatista delegation, along with those organizations and persons of the Left who join in this Sixth Declaration of the Lacandon Jungle, will go to those places where they are expressly invited.

We are also letting you know that the EZLN will establish a policy of alliances with non-electoral organizations and movements which define themselves, in theory and practice, as being of the Left, in accordance with the following conditions:

No to making agreements from above to be imposed below, but to make accords to listen to and to organize outrage. *No* to raising movements which are later betrayed behind the backs of those who made them, but to always

También avisamos que el EZLN establecerá una política de alianzas con organizaciones y movimientos no electorales que se definan, en teoría y práctica, como de izquierda, de acuerdo a las siguientes condiciones:

No a hacer acuerdos arriba para imponer abajo, sino a hacer acuerdos para ir juntos a escuchar y a organizar la indignación; no a levantar movimientos que sean después negociados a espaldas de quienes los hacen, sino a tomar en cuenta siempre la opinión de quienes participan; no a buscar regalitos, posiciones, ventajas, puestos públicos, del Poder o de quien aspira a él, sino a ir más lejos de los calendarios electorales; no a tratar de resolver desde arriba los problemas de nuestra Nación, sino a construir DESDE ABAJO Y POR ABAJO una alternativa a la destrucción neoliberal, una alternativa de izquierda para México.

Sí al respeto recíproco a la autonomía e independencia de organizaciones, a sus formas de lucha, a su modo de organizarse, a sus procesos internos de toma de decisiones, a sus representaciones legítimas, a sus aspiraciones y demandas; y sí a un compromiso claro de defensa conjunta y coordinada de la soberanía nacional, con la oposición intransigente a los intentos de privatización de la energía eléctrica, el petróleo, el agua y los recursos naturales.

O sea que, como quien dice, invitamos a las organizaciones políticas y sociales de izquierda que no tengan registro, y a las personas que se reivindiquen de

take into account the opinions of those participating. *No* to seeking gifts, positions, advantages, public positions, from Power or those who aspire to it, but to go beyond the election calendar. *No* to trying to resolve from above, but to building *from below and for below* an alternative to neoliberal destruction, an alternative from the Left for Mexico.

Yes to having reciprocal respect for the autonomy and independence of organizations, for their methods of struggle, for their ways of organizing, for their internal decision-making processes, for their legitimate representations. And *yes* to having a clear commitment for joint and coordinated defense of national sovereignty, with intransigent opposition to privatization attempts of electricity, oil, water and natural resources.

In other words, we are inviting the unregistered political and social organizations of the Left, and those persons who lay claim to the Left and who do not belong to registered political parties, to meet with us, at a time and place and in a manner in which we shall propose at the proper time, to organize a national campaign, visiting all possible corners of our Patria, in order to listen to and organize the word of our people. It is like a campaign, then, but very otherly, because it is not electoral.

Brothers and sisters:

This is our word which we declare:

In the world, we are going to join together more with

izquierda que no pertenezcan a los partidos políticos con registro, a reunirnos en tiempo, lugar y modo que les propondremos en su oportunidad, para organizar una campaña nacional, visitando todos los rincones posibles de nuestra patria, para escuchar y organizar la palabra de nuestro pueblo. Entonces es como una campaña, pero muy otra porque no es electoral.

Hermanos y hermanas:

Ésta es nuestra palabra que declaramos:

En el mundo vamos a hermanarnos más con las luchas de resistencia contra el neoliberalismo y por la humanidad.

Y vamos a apoyar, aunque sea un poco, a esas luchas.

Y vamos, con respeto mutuo, a intercambiar experiencias, historias, ideas, sueños.

En México, vamos a caminar por todo el país, por las ruinas que ha dejado la guerra neoliberal y por las resistencias que, atrincheradas, en él florecen.

Vamos a buscar, y a encontrar, a alguien que quiera a estos suelos y a estos cielos siquiera tanto como nosotros.

Vamos a buscar, desde La Realidad hasta Tijuana, a quien quiera organizarse, luchar, construir acaso la última esperanza de que esta Nación, que lleva andando al menos desde el tiempo en que un águila se posó sobre un nopal para devorar una serpiente, no muera.

Vamos por democracia, libertad y justicia para quienes nos son negadas.

the resistance struggles against neoliberalism and for humanity.

And we are going to support, even if it's just a little, those struggles.

And we are going to exchange, with mutual respect, experiences, histories, ideas, dreams.

In Mexico, we are going to travel all over the country, through the ruins left by the neoliberal wars and through those resistances which, entrenched, are flourishing in those ruins.

We are going to seek, and to find, those who love these lands and these skies as much as we do.

We are going to seek, from La Realidad to Tijuana, those who want to organize, struggle and build what may perhaps be the last hope this Nation—which has been going on at least since the time when an eagle alighted on a nopal in order to devour a snake[29]—has of not dying.

We are fighting for democracy, liberty and justice for those of us who have been denied it.

We are fighting for another politics, for a program of the Left and for a new Constitution.

We are inviting all indigenous, workers, campesinos, teachers, students, housewives, neighbors, small businesspersons, small shop owners, micro-businesspersons, pensioners, handicapped persons, religious men and women, scientists, artists, intellectuals, young persons, women, old persons, homosexuals and lesbians, boys and girls, to participate, whether individually or collec-

Vamos con otra política, por un programa de izquierda y por una nueva Constitución.

Invitamos a los indígenas, obreros, campesinos, maestros, estudiantes, amas de casa, colonos, pequeños propietarios, pequeños comerciantes, micro empresarios, jubilados, discapacitados, religiosos y religiosas, científicos, artistas, intelectuales, jóvenes, mujeres, ancianos, homosexuales y lesbianas, niños y niñas, para que, de manera individual o colectiva participen directamente con los zapatistas en esta CAMPAÑA NACIONAL para la construcción de otra forma de hacer política, de un programa de lucha nacional y de izquierda, y por una nueva Constitución.

Y pues ésta es nuestra palabra de lo que vamos a hacer y de cómo lo vamos a hacer. Ahí lo vean si es que le quieren entrar.

Y les decimos a los hombres y mujeres que tengan bueno su pensamiento en su corazón, que estén de acuerdo con esta palabra que sacamos y que no tengan miedo, o que tengan miedo pero que lo controlen, pues que digan públicamente si están de acuerdo con esta idea que estamos declarando y pues así vamos viendo de una vez quién y cómo y en dónde y cuándo es que se hace este nuevo paso en la lucha.

Por mientras lo piensan, les decimos que, hoy, en el sexto mes del año de 2005, los hombres, mujeres, niños y ancianos del Ejército Zapatista de Liberación Nacional ya nos decidimos y ya suscribimos esta Sexta

tively, directly with the Zapatistas in this NATIONAL CAMPAIGN for building another way of doing politics, for a program of national struggle of the Left, and for a new Constitution.

This is our word as to what we are going to do and how we are going to do it. You will see whether you want to join.

We are telling those men and women who are of good heart and intent, who agree with this word that we are spreading, and who are not afraid, or who are afraid but control it, to state publicly whether they are in agreement with this idea we are presenting. In that way we will see once and for all who, how, and where, and when this new step in the struggle is to be made.

While you are thinking about it, we say to you that today, in the sixth month of the year 2005, the men, women, children, and old ones of the Zapatista Army of National Liberation have now decided, and we have now subscribed to, this Sixth Declaration of the Lacandon Jungle. Those who know how to sign, signed, and those who did not left their mark, but there are fewer now who do not know how, because education has advanced here in this territory in rebellion for humanity and against neoliberalism, that is in Zapatista skies and land.

This is our simple word sent out to the noble hearts of those simple and humble people who resist and rebel against injustices all over the world.

Declaración de la Selva Lacandona, y firmaron los que saben y los que no lo pusieron su huella, pero ya son menos los que no saben porque ya se avanzó la educación aquí en este territorio en rebeldía por la humanidad y contra el neoliberalismo, o sea en cielo y tierra zapatistas.

Y ésta fue nuestra sencilla palabra dirigida a los corazones nobles de la gente simple y humilde que resiste y se rebela contra las injusticias en todo el mundo.

¡Democracia! ¡Libertad! ¡Justicia!

Desde las montañas del Sureste Mexicano.

Comité Clandestino Revolucionario Indígena, Comandancia General del Ejército Zapatista de Liberación Nacional. México, en el mes sexto, o sea en junio, del año del 2005.

Democracy! Liberty! Justice!

From the mountains of the Mexican Southeast,
   Clandestine Revolutionary Indigenous Committee,
General Command of the Zapatista Army of National
Liberation.
   Mexico, in the sixth month, or June, of the year 2005.

ENTREVISTA CON EL SUBCOMANDANTE INSURGENTE MARCOS

Realizada en el Centro de
Documentación
Son Jarocho, Veracruz, México

por Aura Bogado

¿Por qué La Otra Campaña, ahora, para 2005 y 2006?

Bueno, porque nosotros, como Zapatistas tuvimos que sufrir un proceso de preparación—que así como fue el alzamiento del 1994, que tardamos 10 años en prepararlo, para poder realizarlo—también tuvimos que hacer un proceso de preparación para *La Otra Campaña*.

La Otra Campaña nace en realidad en 2001, a la hora que los partidos políticos: el PRI, el PAN y el PRD, rechazan la iniciativa de la COCOPA, de Derechos y Cultura Indígenas. Entonces ahí nosotros valoramos que el camino del diálogo con la clase política mexicana estaba agotado, y teníamos que buscar otro camino. Las

INTERVIEW WITH SUBCOMANDANTE INSURGENTE MARCOS

Conducted at the Centro de
Documentación,
Son Jarocho, Veracruz, México

by Aura Bogado

Why the Other Campaign now, for 2005 and 2006?

Well, because we, as Zapatistas, had to endure a process of preparation, like the uprising in 1994, which took us ten years to prepare. We also had to engage in a process of preparation for the *Other Campaign*.

The *Other Campaign* was actually born in 2001, when Mexico's three political parties—the PRI, the PAN, and the PRD—denied the Comisión de Concordia y Pacificación initiative for indigenous cultural rights.[30] So at that point, we evaluated that the path with the Mexican political class was exhausted; we had to find another path. The options were: war, going back to fighting;

opciones eran: la guerra, volver a pelear; o quedarse callados en silencio y a ver qué pasaba; o hacer lo que estamos haciendo ahora.

Cuando se decidió que se tenía que preparar esta posibilidad, empezamos a prepararnos, porque era muy probable que gente que nos había apoyado hasta entonces, por la lucha de los Derechos y Cultura Indígena, nos retirara su apoyo, a la hora que tomábamos distancia de los políticos, especialmente de la llamada "izquierda institucional"—el PRD. Pero también, al mismo tiempo, teníamos que prepararnos para un golpe quirúrgico, un golpe del ejército, o de la policía, bajo cualquier pretexto, que descabezara y dejara sin dirección a la EZLN.

Para nosotros la iniciativa de *La Sexta* Declaración, es del tamaño, o tal vez aún mayor, que la declaración de guerra de 1994. Teníamos que estar preparados para perder a toda la dirección. Porque según nuestro modo, a la hora que vamos a hacer algo, adelante tienen que ir los que dirigen, para dar el ejemplo. Entonces en este caso, teníamos que preparanos para perder no solamente a Marcos, sino a toda la dirección conocida, que es la que va salir a hacer el trabajo político: los comandantes, como la Comandanta Esther, Comandante Tacho, Comandante David, Comandante Zebedeo, Comandanta Susana... iba a salir la confinada Comandanta Ramona, pero desgraciadamente [se murió]. Todos... los que más o menos se conocen públicamente íbamos a salir, y teníamos que

staying quiet in silence and waiting to see what would happen; or doing what we are doing now.

When we decided that we had to prepare for this possibility, we anticipated that it would be very likely that people who had supported us up until that point for indigenous cultural rights would take back their support at the hour we distanced ourselves from the political parties, especially from the so-called "institutional left": the PRD. But at the same time, we had to prepare ourselves against a surgical strike, a strike from the military or from the police, that would attempt under any pretext to behead the EZLN and leave it without direction.

For us, the initiative of the Sixth Declaration is of the same magnitude, or maybe even greater, than our Declaration of War in 1994.[31] We had to be prepared to lose our entire leadership. Because, according to our method, at the same time we set out to do something, we must put our leaders in front to set the example. We had to be ready to lose not only Marcos, but all of our known leadership, the ones that will be doing the political work: the Comandantes, like Comandanta Esther, Comandante Tacho, Comandante David, Comandante Zebedeo, Comandanta Susana… The ailing Comandanta Ramona was also going to come out, but unfortunately [she died].… All of us who are more or less publicly known were planning to come out, so we had to prepare for that, and we had to make plans for the first exploratory tour, which has fallen on me, which we are doing now.

prepararnos para eso, y teníamos que hacer el preparativo de la primera gira exploratoria, que es la que me esta tocando a mí.

Ahora estamos en Veracruz, en el sur de Veracruz, y en el caso de que pase algo, queda bien establecido el escalón de mando; no se pierde nada de lo que hemos logrado hasta ahora, o podemos defenderlos lo más que podamos. No pudo haber sido antes, y no se podía hacer después, porque si ya estábamos listos, no era necesario esperar más tiempo para hacerlo.

Y escogimos precisamente el periodo electoral para que quedara claro que nosotros queríamos hacer otra cosa, y que realmente la gente viera y pudiera contrastar nuestra propuesta política —que ahora ya tiene muchos que se han sumado de otras organizaciones, grupos y personas— con la política de arriba. Siempre desde nuestro nacimiento, hemos insistido en esto de otra forma de hacer política, y ahora teníamos la oportunidad de hacerla sin armas, pero sin dejar de ser Zapatistas, por eso conservamos el pasamontaña.

Para la gente en Latino América, muchas veces hay esperanzas en políticos como Lula en Brasil, Kirchner en Argentina, o Chávez en Venezuela. ¿Cómo ve estos cambios de la "izquierda" en Latinoamérica?

Mira, nosotros siempre volteamos a ver abajo, no sólo en nuestro país, sino particularmente en Latinoamérica.

Right now we're in Veracruz—Southern Veracruz—and in the event that something happens, the chain of command will be clear; nothing of what we've gained so far will be lost, or we will at least be able to defend it as much as possible. It couldn't have been done earlier, nor could have it been done later. We were ready, and it wasn't necessary to wait.

We specifically chose the electoral period, so that it would be clear that we want to do something else, and so that people could really see and could compare and contrast our political proposal—which many people have already joined from other organizations and groups—with politics from the top. Always, since our birth, we've insisted on another way of doing politics. Now we have the chance to do it without arms, but without stopping being Zapatistas. That's why we keep the masks on.

For people in Latin America, there is often a lot of hope in politicians like Lula in Brazil, Kirchner in Argentina, or Chavez in Venezuela. How do you see this change in the so-called Left in Latin America?

We always turn to look towards the bottom, not only in our own country, but in Latin America particularly. When Evo Morales presented this invitation for his presidential inauguration, we said that we were not turning our gaze upwards, neither in Bolivia nor in Latin America, and in that sense, we don't judge govern-

Cuando se presentó esta invitación de Evo Morales a la toma de la presidencia, nosotros dijimos que no estábamos volteando arriba, ni en Bolivia, ni en Latinoamérica. En ese sentido, no juzgamos gobiernos cuyo juicio les corresponde a los pueblos en los que están. Miramos con interés a la movilización indígena boliviana, la ecuatoriana… De hecho, están mencionados en *La Sexta* Declaración.

La lucha de los jóvenes argentinos fundamentalmente, todo este movimiento de los piqueteros, y de la juventud en general de Argentina, con el que nos sentimos muy identificados. También con el movimiento de recuperación de la memoria, del dolor de lo que fue la larga noche del terror en Argentina, en Uruguay, en Chile. Y en ese sentido, preferimos mirar hacia abajo, intercambiar experiencias, y conocer sus valoraciones sobre lo que está ocurriendo.

Nosotros pensamos fundamentalmente que la historia futura de América Latina, no solo de México, sino en todo América Latina, se va a construir abajo; que lo demás en todo caso son pasos, tal vez en falso, tal vez firmes, falta verlo. Pero fundamentalmente va a ser la gente de abajo la que la va a poder conquistar, organizándose de otra forma. Que las viejas recetas y los viejos parámetros sirven, sí, como un referente de lo que se hizo, pero no como una cosa que haya que readecuar para volver a hacerlo de nuevo.

ments, whose judgment belongs to the people who are there. We look with interest at the Bolivian indigenous mobilization, and the Ecuadorian one. In fact, they are mentioned in the Sixth Declaration.

The struggle of the Argentine youth—fundamentally, this whole *piquetero* movement and of the youth in general in Argentina, with whom we strongly identify with. Also with the movement to recover memory, of the pain from what was the long night of terror in Argentina, in Uruguay, in Chile. And in that sense, we prefer to look at the bottom, exchange experiences and understand their own assessments of what is happening.

We think, fundamentally, that the future story not only of Mexico but of allLatin America, will be constructed from the bottom. The rest of what's happening, in any case, are steps. Maybe false steps, maybe firm ones, that's yet to be seen. But fundamentally, it will be the people from the bottom that will be able to take charge of it, organizing themselves in another way. The old recipes or the old parameters should serve as a reference of what was done, but not as something that should be re-adopted to do something new.

What can men do, for example, to increase the representation of women anywhere in the world, from families to cultural centers and beyond?

In that respect, for us and for all organizations and

¿Qué pueden hacer los hombres para alzar el nivel de representación de las mujeres, donde sea en el mundo: en las familias, en los centros culturales?

En ese aspecto a nosotros, y a todas las organizaciones o movimientos nos falta todavía un buen trecho, porque todavía esta una distancia, que es muy grande, entre la intención de ser mejores, y realmente respetar al otro, en este caso la otra, y lo que realmente es nuestra práctica.

Y no me refiero sólo a la coartada de "así nos educaron y ni modo…," que muchas veces es la coartada del hombre, y de la mujer también, que tiende a la obediencia o a rivalizar entre mujeres de otra forma.

Otra cosa que hemos visto en nuestro proceso, que a la hora que [los insurgentes] llegamos a las comunidades y ellas se apropiaron de nosotros, vimos algunos cambios significativos, no planeados. El primer cambio se da en el interior, en la relación entre mujeres. El hecho de que un grupo de indígenas, mujeres cuyo horizonte fundamental era la casa —el casarse muy jóvenes, además, tener hijos y dedicarse al hogar—, fueran a las montañas, aprendieran a usar armas, tuvieran mando de tropa, significó para las comunidades, para las mujeres indígenas en las comunidades, una revolución muy fuerte. Es ahí donde ellas empiezan a plantear que deben participar en las asambleas y en las discusiones organizativas, y empiezan a plantear que deben tener cargo. Antes, no se entendía así.

movements, we still have a long way to go, because there is still a really big distance between the intention of actually being better, and really respecting *the Other*—in this case women—and what is our actual practice.

I'm not only referring to the excuse of "this is how we were educated and there's nothing we can do," which is often men's excuse, and of women's too, to obey this type of thinking and argue for it one way or another among other women.

Something else that we've seen in our process is that from the moment that we [insurgents] arrived in the communities and they integrated us into them, we saw significant, unplanned changes. The first change is made internally in the relationships among women. The fact that one group of indigenous women—whose fundamental horizon was the home, getting married quite young, having a lot of children, and dedicating themselves to the home—could now go to the mountains and learn to use arms, be commanders of military troops, signified for the communities, and for the indigenous women in the communities, a very strong revolution. It was then that they started to propose that they should participate in the assemblies, and in the organizing decisions, and started to propose that they should hold positions of responsibility. It was not like that before.

But in reality, the pioneers of this transformation of the indigenous Zapatista woman are a merit of the women insurgents. To become a guerrilla in the mountainous

Pero en realidad las pioneras de esta transformación de la mujer Zapatista indígena, el mérito es de las insurgentas. Porque las condiciones de montaña, de la guerrilla, que son muy difíciles para los hombres, para las mujeres se convierte en doblé o triple dificultad. Y no me refiero a que sean más débiles, y eso: sino que además de las condiciones hostiles de la montaña, deben tomar en cuenta o soportar las condiciones hostiles de un sistema patriarcal, del machismo nuestro, de nuestra relación.

Y en tercera instancia, el repudio de sus comunidades que ven mal que una mujer salga y se ponga a hacer otra cosa. El grupo de compañeras insurgentas es el que lo supera, y a la hora que bajan otra vez a las comunidades—ahora a orientar, a dirigir, a explicar la lucha— producen este primer choque entre las mujeres, y empieza haber una especia de revuelta, de rebelión de las mujeres, que empieza a conquistar espacios. Entre ellos, el primero es que evita la venta de mujeres en el matrimonio, que antes era una costumbre indígena. Y le da, de hecho, (todavía sin que estuviera en el papel) el derecho de elegir su pareja.

Pensamos nosotros también que mientras haya dependencia económica de la mujer del hombre, es muy difícil que se desarrolle otra cosa. Porque, finalmente, la mujer podrá ser muy rebelde, muy capas, y todo eso, pero si depende económicamente del hombre, tiene pocas posibilidades. Entonces en ese sentido, en las comunidades, los Municipios Autónomos Rebeldes y en

conditions is very difficult for men, and for the women, it is doubly or triply difficult. I'm not saying that they are more fragile or anything like that; it's that in addition to the hostile mountainous conditions, they also have to put up with the hostile conditions of a patriarchal system of our own machismo, of our relationships with one another.

[Another difficulty that the women face] is the repudiation of their communities, which see it as a bad thing for a woman to go out and do something else. [After passing their training] a group of insurgent women are now the ones who are superior, and when they head back down to the communities, they now are the ones who show the way, lead, and explain the struggle. At first this creates a type of revolt, a rebellion among the women that starts to take over spaces. Among the first rebellions is one that prohibits the sale of women into marriage, which used to be an indigenous custom, and it gives, in fact (even though it's not on paper yet) women the right to pick their partner.

We also think that while there is an economic dependence of women on men, it will be very difficult for anything else to develop. Because in the end, women can be very rebellious, very capable and all of that, but if they depend on men economically, they have few possibilities. So in that sense, in the communities of the autonomous municipalities, and in the Councils of Good Government, the same women who are already authorities with responsibilities at the municipal level, or on the Coun-

las Juntas de Buen Gobierno. Abren espacios y proyectos las mismas mujeres que ya tienen cargo de autoridad municipal, o de Junta de Buen Gobierno: abren espacios de proyectos y organización económica de las mujeres, de tal forma que vayan construyendo su independencia económica, dándole más sustento a la otra independencia [de la mujer].

Aún así nos sigue faltando mucho en violencia intrafamiliar del hombre a la mujer, y logramos un poco de avance en que las niñas que antes no iban a la escuela, ahora ya van a la escuela. No iban porque eran mujeres, y no iban porque no había escuela. Ahora hay escuela y van, no importa si son hombres o mujeres, y ya están en los escalones más altos de la autoridad civil —porque en la autoridad militar, en la política organizativa, sí podemos decir nosotros que tienen que entrar mujeres— pero en las cuestiones civiles [los insurgentes] no tenemos injerencia, sólo aconsejamos. Entonces en la realidad las mujeres en las comunidades llegan tanto a los puestos de autoridad civil como de municipio autónomo, de agente municipal, que era impensable que una mujer llegara. [Y llegan a esos puestos] por su propia lucha, no por injerencia del EZLN.

¿Y algún mensaje para [el pueblo] en los Estados Unidos, especialmente los chicanos y los latinos?

Bueno, nosotros lo que estamos viendo en lo que estamos pasando, ahorita cuando estamos sacando esta

cils of Good Government, open spaces, projects, and economic organization for women in such a way that they construct their economic independence, which gives more substance to [the women's] other independence.

Nevertheless, we're still lacking a lot in the area of domestic violence by men against women. We have gained some in other areas, for example, girls who were not going to school are now going to school. They weren't going before because they were women, and because there weren't any schools, and now there are schools and they go, regardless of whether they are men or women. And women are already in the highest posts of civil authority—because in the military authority, in the political organizing, we can say that women need to be included—but in matters of civil society, we [insurgents] don't hold authority; we only advise. So in reality, the women in the communities now reach the civil authority and autonomous municipal posts, which was unthinkable for a woman to reach before. [They reach those positions] through their own struggle, not through the authority of the EZLN.

Do you have any message for [people] in the United States, particularly for Chicanos and Latinos?

Well, what we've seen while we've been passing through as we're getting the word out—we've passed through Chiapas, through Quintana Roo, Yucatan, Campeche,

palabra (hemos pasado por Chiapas, por Quintana Roo, Yucatán, Campeche, Tabasco, y estamos empezando Veracruz), en todas partes hemos visto este dolor de la gente de abajo de tener como una parte de sí mismo en el otro lado. Sienten que no es producto del destino, de la mala suerte, ni tampoco del interés turístico, como dice el gobierno mexicano. Sino que es parte de este proceso de sufrimiento que nos es impuesto. Sienten ellos, y lo sentimos nosotros también con ellos, de que una parte de ellos está lejos y está afuera. Y esa parte son nuestros hombres y mujeres de ascendencia latina, o de ascendencia mexicana, o mexicanos todavía, que tuvieron que cruzar la frontera, que están allá.

Por eso, desde el principio, cuando se planteo *La Sexta* Declaración se dijo que los mexicanos y mexicanas que estaban en el otro lado, no eran parte de lo internacional, ni de lo intercontinental, sino que eran parte de *La Otra Campaña*. Nosotros queremos decirles, que ahora que estemos en Ciudad Juárez una vez, y en Tijuana la otra vez, se acerquen a la frontera, y tengamos una reunión. Tenemos programadas reuniones con pura gente del otro lado: una en Juárez y otra en Tijuana, para escuchar su lucha.

Así como decimos, el método de *La Sexta* es [preguntar]: ¿Quiénes somos? ¿Dónde estamos? ¿Y qué queremos hacer? Sabemos que hay mucha gente que simpatiza con *La Sexta* Declaración y con *La Otra Campaña* y nosotros queremos insistirles, ahora a través

Tabasco, and we've started in Veracruz—in all parts we've seen this pain from the people at the bottom, [people who have] part of themselves on the other side. They feel it's not a product of destiny, or of bad luck, nor from a lack of tourism like the Mexican government says. Instead, it is part of this process of suffering that is imposed on us. They feel, and we feel it also along with them, that one part of them is far away and is outside, and that part is our men and women of Latino descent, or of Mexican descent, or Mexicans that have to cross the border—those who are over there.

That's why, since the beginning, when the Sixth Declaration was proposed, it was said that the Mexicans that were on the other side were not part of the Internationals, the Intercontinental; instead they are part of the *Other Campaign*. We want to say to you: now that we're going to be in Ciudad Juárez first, and then in Tijuana, that you join us at the border, and have a reunion. We have reunions planned with people from the Other side, one in Juarez, the other in Tijuana, to hear your struggle.

Like we say, the approach of the Sixth is [to ask]: Who are we? Where are we? What do we want to do? We know there are a lot of people that sympathize with the Sixth Declaration and with the *Other Campaign*. And we want to insist to them, now through your media outlet, that this is their place, this place right next to those of us who are on *this* side.

That which has provoked pain from the border, which

de tu medio, que éste es su lugar—el lugar junto con nosotros los que estamos de *este* lado.

Porque lo que ha provocado el dolor de esa frontera, que significa muerte, marginación, *apartheid*, de otra forma, nosotros tenemos que construir, romper esa frontera con un puente de lucha, de dignidad, y *La Otra* puede ser el espacio. Y nadie va a hablar por ellos, nadie va a hablar por los mexicanos y mexicanas o chicanos en el otro lado, sino que ellos construyan su espacio, lo defiendan, hablen por sí mismos expliquen las razones por qué están allá, las dificultades que enfrentan, y lo que han logrado construir como rebeldía y resistencia de aquel lado. Y que ahí nos vamos a ver, en Juárez y en Tijuana.

Gracias, Subcomandante.

Gracias.

signifies death, marginalization, apartheid of some kind or another—we have to construct, and break that border, with a bridge of struggle, of dignity. The *Other Campaign* can be that space. No one will speak for them, no one will speak for the *Mexicanos* or *Mexicanas* or the Chicanos on the other side; instead, they will construct their own space, defend it, speak for themselves, explain the reasons why they are there, the difficulties that they face, and what they have been able to construct as rebelliousness and resistance on that other side. We will see each other there in Juárez and Tijuana.

Thank you, Subcomandante.

Thank you.

NOTES

1. EZLN stands for Ejército Zapatista de Liberación Nacional—Zapatista Army of National Liberation.
2. Taken from a communiqué dated May 31, 2005. For the English translation see http://www.zmag.org/content/showarticle.cfm?ItemID=7984. For the Spanish original, see http://www.ezln.org/documentos/2005/milano50530.es.htm.
3. Published in Mexico by Editorial Joaquín Mortiz; to be published in the U.S. by Akashic Books.
4. "PAN" stands for "Partido Acción Nacional"—The National Action Party—a conservative party and one of the three main political parties in Mexico. Mexican President Vincente Fox came to power on the PAN ticket.

    "PRD" stands for "Partido de la Revolución Democrática"—the Party of the Democratic Revolution, Mexico's main left-leaning political party.
5. The eleven demands of the Zapatista struggle, for which the EZLN took up arms on January 1st of 1994: The demands include; work, land, home, food, health, education, autonomy, freedom, peace and justice.
6. The PRD's logo is an image of the Aztec sun.
7. "The head of government of Mexico City" is a reference to López Obrador, the current Mayor of Mexico City.
8. "Ya Basta!" translates as "Enough already!" and was one of the Zapatistas' primary slogans in 1994.
9. Ernesto Zedillo Ponce de León (born December 27, 1951) was President of Mexico from 1994 to 2000, the last of the uninterrupted 70-year line of Mexican presidents from the Institutional Revolutionary Party (PRI).
10. *Encuentro* means "gathering." The Zapatistas have held many *encuentros* with civil society to address issues and organize.

11. The independent referendum through which the Zapatistas asked the Mexican people their opinion about specific issues related to the Zapatista struggle. Those participating in the *Consulta* went to specific voting places to fill out ballots on a range of issues. In the indigenous communities the votes were taken in meetings where they discussed, analyzed and voted on the issues by a show of hands. The EZLN has organized two National Consultas, the first in 1995, to define their future as a political force. The second was held in 1999, during the war of extermination, also about the future of indigenous rights.

12. The owners of the large properties (*fincas*). The *fincas* are huge rural properties, which usually cultivate agricultural products and raise livestock for exportation. They are characterized by the practice of "miner" agriculture, which is an intensive and brutal exploitation of human labor and natural resources.

13. *CCRI* stands for "Comité Clandestino Revolucionario Indígena," and translates into English as Clandestine Revolutionary Indigenous Committee.

14. Individuals charged with authority within the political-military structure of the EZLN.

15. *Coyote* is the pejorative term for middleman.

16. Types of Mexican music.

17. The horrific situation in Cuidad Juárez is being described as feminicide, see the web page of WITNESS for more information: http://www.witness.org/option,com_rightsalert/Itemid,178/task,view/alert_id,38/

18. Mexican homeland.

19. Period of time between 1876-1911 when the dictator Porfirio Díaz served seven terms as Mexico's president. During his terms of office, Díaz strengthened the large privately owned ranches, creating miserable conditions for the farmers and Mexican workers forced to work in slave conditions on the lands that had being taken from them.

20. The owners of the *haciendas*. A *hacienda* is a large rural *ranch*, which produces grains and livestock. They were introduced in Mexico with the Spanish conquest. Very often the haciendas enlarged their borders by seizing the adjacent lands owned by the communities.

21. *Microchangarros* refer to small businesses.

22. Article 27 of the Mexican Constitution of 1917 grants peasant farmers the right to land. Article 27 created several legal concepts to protect the farmers' land from illegitimate sale and exploitation. It also established strict limitations on the usage and amount of property that could be owned in rural communities. President Salinas' reform in 1992 ended the

agricultural land distribution policy and allowed socially owned lands sector to re-enter the open market without regulation.

23. As absolute ruler of Mexico for thirty five years, Porfirio Díaz served as President from 1876-80 and from 1884-1911. Díaz is usually credited with the saying, *Poor Mexico, so far from God and so close to the United States!* (*¡Pobre México! ¡Tan lejos de Dios, y tan cerca los Estados Unidos!*).

24. The narco bosses.

25. *Maiz* is the Spanish word for *corn*.

26. "The *piqueteros* of Argentina are organizations of unemployed workers who organize to fight for their rights and for social changes, using direct action, especially 'piquetes,' or blockades. They are one of Argentina's strong social movements, and different piquetero organizations have different philosophies, strategies, and ideas." See: http://www.zmag.org/content/showarticle.cfm?ItemID=5406

27. *Sin tierra* means to be without land.

28. Typical prehispanic food from the Mexican southeast. It is made with fermented corn and water. Often salty in taste it may be mixed with cocoa. The pozol is a very nutritional and filling meal and keeps for long periods of time without refrigeration.

29. An eagle perched on a cactus devouring a snake refers to the ancient indigenous prophecy in which the Aztec people were told by their deity Huitzilopochtli that they would find their promised land where they found an eagle on a nopal cactus eating a snake. Legend has it that, after wandering for hundreds of years, they found the eagle on a small swampy island in Lake Texcoco. This new Aztec home was named Tenochtitlan (meaning "Place of the Nopal Cactus"), the city that was to become Mexico City. The image of the eagle, cactus and snake is the primary symbol on the current Mexican flag.

30. See http://www.ezln.org/faqs/cocopa.htm.

31. The First Declaration of the Lacandon Jungle was the Zapatistas' original decalration of war. An English translation of the full text is posted here: http://www.ezln.org/documentos/1994/199312xx.en.htm

An insightful analysis of the first four Declarations was written by Javier Elorriaga and is posted here: http://www.inmotionmagazine.com/chiapas1.html

PHOTO CAPTIONS
ALL PHOTOS BY TIM RUSSO

Cover
January 1, 2006. San Cristóbal de las Casas, Chiapas. Subcomandante Marcos, known as Delegado Zero, leads a 10,000-person march in San Cristóbal de las Casas, Chiapas, Mexico to launch the rebels' *Other Campaign*. Thousands of supporters flocked to the Chiapas highlands to participate in the massive march wishing *Delegado Zero* safe travels on his six-month, country-wide tour.

Title Page
September 18, 2005. In La Garrucha, Chiapas, Mexico the Zapatista leadership arrives to the First Plenary Session on *La Sexta* and *The Other Campaign*.

Page 16–17
January 2, 2006. In CIDESI, Subcomandante Marcos, Delegate Zero in San Cristobal de las Casas, Chiapas, Mexico holds the rebels' first meeting on the Other Campaign.

Page 28
January 12, 2006. During Delegate Zero's visit to Nueva Villa Flores on January 12, 2006, an elderly woman watches from the haven of her humble home as the *Other Campaign* passes rapidly through her village.

Page 105

January 4, 2006. During the launching of *The Other Campaign*, a young girl from San Cristobal de Las Casas, Chiapas read a poem that she wrote in favor of the youth rights and rights for women of every age and ethincity.

Page 42–43

September 17, 2005. In La Garrucha, Chiapas, Mexico the women delegates of the Zapatista leadership depart the First Plenary Session on *La Sexta* and *The Other Campaign*.

Page 80–81

September 18, 2005. In La Garrucha, Chiapas, Mexico Subcomandante Marcos embraces a fellow rebel commander as they leave the final event of the First Plenary Session on *La Sexta* and *The Other Campaign*.

Page 166

January 1, 2006. In La Garrucha, Chiapas, Mexico, Zapatista support base members patiently wait on their bus for Subcomandante Marcos "Delegate Zero" to depart the rebel stronghold and commence the rebels' *Other Campaign*.

LINKS FOR MORE INFORMATION

The Zapatistas' Web Page
http://www.ezln.org.mx/

When the Zaptistas' released their *La Sexta* they shifted tactics and began a new chapter in their struggle. This page presents all their letters, stories, and communiques as they release them, and features a daily blog of *The Other Campaign* as it travels across Mexico. To join an email list that sends out news and translations, see: http://www.eco.utexas.edu/fac-staff/Cleaver/chiapas95.html

Radio Insurgente
http://www.radioinsurgente.org/

To hear the voice of the indigenous rebel communities in Chiapas, tune into the Zapatistas' clandestine short wave and FM radio broadcasts here. Past programs are also available for downloading. An incredible resource for those interested in not just hearing Subcomandante Marcos, but the insurgent women, men and young people who are struggling together for democracy, dignity and justice in Mexico.

Enlace Civil
http://www.enlacecivil.org.mx/

To get a deeper sense of the indigenous struggle in Chiapas and the ongoing human rights abuses and paramilitary attacks suffered by the communities there, take a look at Enlace Civil's excellent web page.

Chiapas Independent Media Center
http://chiapas.mediosindependientes.org/
San Cristóbal is a magnet for independent journalists, indigenous advocates, human rights activists and other intellectuals, artists, and cultural workers. This superbly-maintained bilingual site is an invaluable resource for news regarding the autonomous zapatista communities.

Rebeldia Magazine
http://www.revistarebeldia.org/html/
This Mexico-based Spanish-language publication runs a broad range of Zapatista related articles, and their web page is excellent.

* * *

La página web de los Zapatistas
http://www.ezln.org.mx/
Cuando los Zapatistas hicieron pública *La Sexta* cambiaron su táctica y comenzaron un nuevo capítulo en su lucha. Esta página presenta todas sus cartas, historias y comunicados según los publican. Esta página tiene tambien un *blog* diario de *La Otra Campaña* relatando su viaje a través de México. Para apuntarse a la lista de correo electrónico, que envía noticias y traducciones, se puede acceder desde http://www.eco.utexas.edu/facstaff/Cleaver/chiapas95.html

Radio Insurgente
http://www.radioinsurgente.org/
Si quieres escuchar la voz de las comunidades indígenas rebeldes en Chiapas, sintoniza la radio clandestina de los Zapatistas en onda corta y FM. También encontrarás

disponibles programas anteriores. Una fuente increíble para aquellos interesados en eschuchar no sólo al Subcomandante Marcos, sino también a las mujeres, hombres y jóvenes insurgentes que están luchando juntos por la democracia, la dignidad y la justicia en México.

Enlace Civil
http://www.enlacecivil.org.mx/

Para hacerse una idea un poco más profunda sobre la lucha indígena en Chiapas y los continuos abusos contra los derechos civiles, así como sobre los ataques paramilitares sufridos por las comunidades, puedes visitar la excelente página de Enlace Civil.

Centro de Medios Independientes, Chiapas
http://chiapas.mediosindependientes.org/

San Cristóbal es un imán para periodistas independientes, defensores de los derechos indígenas, activistas por los derechos humanos y otros intelectuales, artistas y trabajadores culturales. Esta página bilingüe, mantenida de forma magistral, es una fuente inestimable de noticias sobre las comunidades autónomas zapatistas.

Revista Rebeldía
http://www.revistarebeldia.org/html/

Esta publicación mexicana en español cubre un amplio espectro de artículos relacionados con los Zapatistas, y su página web es excelente.

ABOUT THE AUTHORS

The Zapatistas are an indigenous insurgency movement based in Chiapas, Mexico.

Aura Bogado is the host of *Free Speech Radio News*, a nationally syndicated independent daily newscast, as well as a producer at Pacifica's KPFK Radio. She currently lives in Los Angeles.

Luis Hernández Navarro is the Opinion Section Coordinator and weekly columnist for the Mexican daily *La Jornada*. He is researcher at the Centro de Estudios para el Cambio en el Campo Mexicano (Center of Studies for Change in the Mexican Fields). He was Technical Secretary of the Comission for Follow-up and Verification of the Peace Accords in Chiapas. Among others, his books include *Chiapas: la guerra y la paz and Los Acuerdos de San Andrés*.

Tim Russo is an independent photo-radio journalist and media activist living in and covering Mexico and Latin America for over a decade.

ACERCA DE LOS AUTORES

Los Zapatistas son la insurgencia indígena armada de Chiapas, México.

Aura Bogado es la presentadora de *Free Speech Radio News*, programa noticioso nacional independiente de transmisión diaria, así mismo es radio productora para la KPFK de Radio Pacifica. Actualmente vive en Los Angeles.

Luis Hernández Navarro es Coordinador de Opinión y articulista semanal del periódico *La Jornada*. Es investigador del Centro de Estudios para el Cambio en el Campo Mexicano (CECCAM). Fue

Secretario Técnico de la Comisión para el Segumiento y la Verificación de los Acuerdos de Paz en Chiapas. Entre sus libros se encuentras: *Chiapas: la guerra y la paz y Los Acuerdos de San Andrés*.

Tim Russo es foto y radio periodista, así como activista en los medios de comunicación. Ha vivido en México y Latinoamérica por más de una década cubriendo la información noticiosa.

OTHER BOOKS IN ENGLISH BY SUBCOMANDANTE MARCOS

Conversations With Don Durito (Autonomedia)
Our Word is Our Weapon (Seven Stories Press)
Questions and Swords (Cinco Puntos)
Shadows of Tender Fury (Monthly Review)
The Story of Colors (Cinco Puntos)
The Uncomfortable Dead (Akashic Books)
Ya Basta! Ten Years of the Zapatista Uprising (AK Press)
Zapatista Encuentro (Open Media Series/ Seven Stories Press)

OPEN MEDIA SERIES

Open Media is a movement-oriented publishing project committed to the vision of "one world in which many worlds fit"—a world with social justice, democracy, and human rights for all people. Founded during wartime in 1991 by Greg Ruggiero, Open Media has a fifteen-year history of producing critically acclaimed and best selling titles that address our most urgent political and social issues. *The Other Campaign* by Subcomandante Marcos and *Dear President Bush* by Cindy Sheehan are the first two Open Media books to be published with City Lights.

To learn more about the history and direction of Open Media see www.citylights.com.